政治文化研究译丛 | 丛日云 卢春龙/主编

MICHAEL BRINT
【美】迈克尔·布林特/著

悲剧与拒绝
西方政治思想中的差异政治

Tragedy and Denial
The Politics of Difference in Western Political Thought

庞金友/译
曹　钦/校

社会科学文献出版社
SOCIAL SCIENCES ACADEMIC PRESS (CHINA)

TRAGEDY AND DENIAL:The Politics of Difference in Western Political Thought By Michael Brint
Copyright © 1991 by Westview Press,Inc.
Simplified Chinese translation copyright © 2015
by Social Sciences Academic Press
Published by arrangement with Westview Press,A Member of Perseus Books Group through Bardon-Chinese Media Agency
博达著作权代理有限公司
ALL RIGHT RESERVED

本书根据 Westview Press,Inc 1991 年版译出

总　序

丛日云　卢春龙

政治文化研究在政治学学科体系中占有重要地位，它是政治学中最有实践意义的重要分支学科之一，也是成果最丰富的研究领域之一。

当代政治文化研究的奠基人阿尔蒙德把政治文化理解为政治系统的心理取向，包括所有与政治相关的信念、价值和态度等。一个民族或一个社会的政治文化，就是"针对政治对象的取向模式在该民族成员中间的一种特殊分布"，是"内化于民众的认知、情感和评价中的政治系统"。当代政治文化研究领域最有影响的学者英格尔哈特把政治文化定义为"与一个群体或社会流行的政治信念（beliefs）、规范（norms）和价值相关的所有政治活动"。

政治文化是重要的政治现象，也是在寻找政治因果关系时必须考虑的重要解释变量。因而，在西方思想史和学术史上，对政治文化的研究源远流长。英格尔哈特在追溯现代政治文化研究的历史渊源时，曾列举一系列里程碑式的代表作品和成果，包括亚里士多德的《政治学》、孟德斯鸠的《论法的精神》、托克维尔的

《论美国民主》、阿道尔诺的《威权人格》(*Authoritarian Personality*)、拉斯韦尔的《民主性格》(*Democratic Character*)、斯托弗的《共产主义、一致性与公民自由》(*Communism, Conformity & Civil Liberties：A Cross Section of the Nation Speaks Its Mind*)、罗基奇的《开放和封闭的精神——对信仰和人格系统性质的调查》(*The Open and Closed Mind：investigations into the nature of belief systems and personality systems*)等。此外，一些学者还将马克斯·韦伯的《新教伦理与资本主义精神》列入其中。与当代科学化的以数据分析为基础的政治文化研究相比，这种研究在方法论上被视为"非科学的"，但也有其重要价值。在中国，自19世纪末起，学者们在讨论中西文化关系、反思中国传统文化和"国民性"时，也大量涉及政治文化的内容。

布林特教授曾区分和全面梳理了西方政治文化研究的三大谱系，即法国的社会学谱系、德国的文化哲学谱系以及美国的政治科学谱系。法国的社会学谱系开始于孟德斯鸠，经过卢梭、斯戴尔、贡斯当、基佐以及托克维尔的发展而成为一个重要流派。这一流派强调从社会宏观背景的差异去理解各国政治文化的差异，进而理解各国政治制度的差异。德国的文化哲学谱系开始于康德，经过赫尔德、洪堡、黑格尔、马克思和韦伯等人的发展而成为一个重要流派。这一流派强调解释学的传统，强调政治文化并不是对客观社会现实的抽象反映，而是一个国家历史、文化象征、图腾长期积累的产物，强调从解释学的角度去理解一个国家政治文化的历史由来。美国的政治科学谱系开始于阿尔蒙德与维巴的开创性研究，这一谱系主张通过实证的、科学的方式来研究政治文化，从而克服传统政治文化研究的弊端，他们在方法论上主张以对各国的政治心理和政治观念调查为基础，进而对各国的政治文化进行精确的科学测量。

当代政治文化研究以美国的政治科学谱系为主流。1956年阿尔蒙德正式提出"政治文化"概念，1963年他又与维巴合作出版了《公民文化——五个国家的政治态度和民主制》，此为当代科学的政治文化研究，亦即跨民族的抽样数据研究的开端。早期的政治文化研究取得了丰硕的成果，包括英格尔斯的《人的现代化》，派伊的《中国政治的精神》(The Spirit of Chinese Politics)，斯里德曼的《人格与民主政治》(Personality and Democratic Politics)，英格尔哈特的《寂静的革命：变化中的西方公众的价值与政治行为方式》(The Silent Revolution: Changing Values and Political Styles among Western Publics)，本菲尔德的《落后社会的道德基础》(The Moral Basis of a Backward Society)等。

进入20世纪70年代，政治文化研究受到来自马克思主义等左翼思潮和理性选择理论的批评和挑战，许多学者批评它保守、静止、简单，存在文化偏见和文化决定主义倾向，低估社会结构和权力结构的作用，不具有解释力和预见性等。政治文化研究一度走向衰落，退居政治学的边缘。但是，从80年代起，政治文化研究经历了从"回归"到"复兴"进而走向繁荣的过程。英格尔哈特在1988年最早使用了"政治文化的复兴"这一概念，而后，H.J.威尔达、阿尔蒙德和布林特等人也肯定了政治文化复兴的到来。复兴后的政治文化研究出现了前所未有的繁荣，一大批有影响、有重大原创性贡献的成果问世：英格尔哈特的《发达工业社会的文化转型》(Culture Shift in Advanced Industrial Society)、《现代化与后现代化：43个国家的文化、经济与政治变迁》(Modernization and Postmodernization: Cultural, Economic, and Political Change in 43 Societies)、《现代化、文化变迁和民主：人类发展时序》(Modernization, Cultural Change and Democracy: The Human Development Sequence)（与维尔泽合著），英格尔斯的《国民性》(National Character: A Psycho-Social Perspective)，尤斯拉纳的《信任的道德基础》(The Moral Foundations of Trust)，普特南的《流动中的民主政体——当代社会中社会资本的演变》(Democracies in Flux: The Evolution of Social Capital in Contemporary Society)、《独自打保龄：美国社区的衰落与复兴》、《使民主运转起来——现代意大利的公民传统》，布林特的《政治文化的谱系》(A Genealogy of Political Culture)，狄百瑞的《亚洲价值与人权：儒家社群主义的视角》(Asian Values and Human Rights: A Confucian Communitarian Perspective)，达尔蒙德的《发展中国家的政治文化与民主》(Political Culture and Democracy in Developing Countries) 等。

  政治文化研究关注政治系统的内在心理层面，强调政治文化是决定政治主体的行为准则和支配其政治活动的重要因素，因此，政治文化对于了解一个国家正式制度框架下的政治行为，理解历史上一个国家特殊的发展模式，都具有独特的不可替代的价值。政治文化研究还特别与政治发展和民主化研究有密切关系，它与经济发展、公民社会、国际环境、政治战略、政治精英等一起，构成解释一个国家政治发展和民主化进程与模式的重要的自主性变量。

  政治文化研究在今天的中国更有一层特殊的意义。中国文明作为世界上独特的文明，也是规模最大的文化单元，经过长期的历史积淀，形成了独特的民族性格和政治文化。在当代社会政治转型时期，中国独特的政治文化在现代化潮流冲击下发生了何种变化？变化的方向是什么？它对于政治发展、政治民主化和现代公民文化建设会产生何种影响？这些都需要当代学者作出科学的调查和分析。只有对中国社会的文化心理、政治态度、价值观念的分布状况和变化趋势了然于胸，才能明确中国政治发展的目标和道路选择，才能积极有效地推动传统臣民文化向现代公民文化转型。但是，目前中国的政治文化研究仍然以学者的观察、粗糙的文献分析为主要手段，以对传统政治文化的阐释性研究为主要内容，这种研究虽然富于学理性和启发性，但是，没有科学的量化数据为基础，也缺少实际操作性，尚不足以为当前政治改革提供切实有效的支持。

为了推动我国的政治文化研究，需要借鉴西方的研究方法、理论和经验，也需要直接引进西方的一些研究成果。遗憾的是，虽然国内学界许多人都在谈论政治文化，但是，到目前为止，国内对西方政治文化的研究成果只有零星的译介，大量政治文化研究的经典之作对于国内学者来说还是陌生的。这是国内政治文化研究长期裹足不前的重要原因。

有鉴于此，我们编译了这套《政治文化研究译丛》，希望为国内学者的政治文化研究提供一些可资借鉴的学术资源。我们期待着，这套丛书的出版，能让更多的人了解和关注政治文化研究，推动中国的政治文化研究走向繁荣，贡献出一批与中国政治文化的重要地位和独特性相称的研究成果。

目 录

致　谢 / 1

中译本序言 / 1

第一版序言 / 1

第一部分　政治思想的反悲剧性剧场

第一章　柏拉图《理想国》中的幸福结局与高尚谎言 / 3

第一节　论苏格拉底之死 / 6

第二节　对诗歌的审判 / 13

第三节　柏拉图的讽刺艺术 / 18

第四节　幸福结局和高尚谎言 / 24

第五节　柏拉图《理想国》中反讽的局限性 / 30

第二章　卢梭与自恋者的回音 / 35

第一节　剧场现象学 / 40

第二节　爱与疏离的政治 / 44

第三节　自恋政治学 / 54

第二部分　悲剧的政治

第三章　一篇论自由的对话 / 65

　　第一节　序幕：走进塞万提斯的文献 / 65

　　第二节　书籍之战 / 69

　　第三节　贡斯当论古代人与现代人的自由 / 70

　　第四节　卢梭对政治自由的辩护 / 78

第四章　黑格尔式的和谐与天使之笑 / 87

　　第一节　个人自由与政治自由冲突的再思考 / 92

　　第二节　黑格尔对冲突的喜剧性终结 / 103

　　第三节　天使之笑 / 107

第五章　批评家的狂欢节：反讽和后现代的性情 / 112

　　第一节　萨特的讽刺 / 116

　　第二节　萨特对于自由冲突的终结 / 119

　　第三节　从讽刺到自我戏仿 / 129

第六章　阿伦特、罗蒂和杰斐逊先生的美国传奇 / 137

　　第一节　传奇和浪漫主义者 / 138

　　第二节　汉娜·阿伦特的往日传奇 / 144

　　第三节　理查德·罗蒂的未来传奇 / 153

第三部分　结论

第七章　悲剧与拒绝：将延异重新变为差异 / 169
第一节　喜剧的辩证法 / 170
第二节　不可言说的他者 / 174
第三节　一种不同的他者性 / 178

参考文献 / 184

索　引 / 196

致 谢

　　承蒙弗吉尼亚大学校友会、夏季奖助金项目以及托马斯·杰斐逊纪念基金会的慷慨资助，在此向他们表达我最诚挚的谢意。我也要感谢西方视野出版社的斯宾塞·卡尔、辛蒂·赫施菲尔德以及爱丽丝·科尔维尔，他们的才能、敏锐和智慧为这本书的最终出版做出了不可磨灭的贡献。感谢热心的《政治与政治理论评论》的编辑们，允准我重新出版部分关于卢梭的论文。感谢大卫·托马斯、彼得·厄本、吉姆·凯撒、但丁·吉米诺以及迪克·罗蒂，他们给予我友情、评论和建议。还有那些不得不忍受我提供的大量政治理论阅读材料的研究生及本科生们，请接受我真诚的歉意和感激之情。我要特别感谢玛格丽特·布拉班特、里德·库什曼、梅里迪丝·加蒙、斯图尔特·霍尔、约瑟夫·哈德、大卫·海尼甘以及斯科特·罗利尔。威廉姆·韦弗不仅给予了富有价值的评论，还承担了整理书稿的任务。最后也最为重要的是，我的妻子卡米尔以及我们的儿子布赖恩带给我欢声笑语与盈盈爱意，我高兴地将这些论文题献给他们。

迈克尔·布林特
夏洛茨维尔，弗吉尼亚

中译本序言

T. S. 艾略特（T. S. Eliot）曾说过，"但丁和莎士比亚瓜分了世界，没有第三者再能涉足。"艾略特并非要通过这个说法论证说，但丁和莎士比亚展示了一场要一分高下的激烈竞争——谁是最优秀的欧洲作家。艾略特的意思毋宁是说，这两位作家证明了地中海——欧洲历史的一个深层分歧，这一分歧可以追溯到前苏格拉底时期关于"一与多"的悖论。就但丁而言，他把世界看成一个单一的统一整体，此整体内部充盈着与其相生相伴的理性秩序。他的神圣"喜剧"（《神曲》）提供了一种统一、和谐且同步的独特视景：世界是整体性的，是"一"。而莎士比亚却描述了一个更具悲剧性的情境。在此情境中，"时间是脱节的"，矛盾、张力及不和谐因素构成了"多"的世界。对他而言，痛苦深植于这个世界及其分裂之中。

这部作品的主题，正是一与多、喜剧与悲剧、统一与差异之间的基本分歧。我衷心希望它可以解决"西方"政治文化中最为不可避免且持久的诸多议题之一。这一议题在今天的欧洲与北美以多种形式呈现，我们可以轻易地将其辨认出来。现代民主政治如何既保证个人的表现，同时又能够保持政治的统一？这是个问题……

我很荣幸有机会与我的中国同仁们分享这项成果。

第一版序言

> 对于政治共同体的奠基者来说，去了解诗人必须据之以讲述其故事的模式，乃是合宜的。[1]
>
> ——《理想国》，379a

在很大程度上，政治文化（political culture）的轮廓是由如下因素所塑造的：我们各种不同的感知和理解；我们所运用的伦理和政治原则；我们所遵守的惯例、习俗和礼节；我们解释和辩护自己行为的方式；我们所面对的根本分歧和冲突；尤其是，我们通过故事所进行的本民族的历史叙事。我将要论证，在我们文化之中或与其相关的一些最著名的故事，可以在政治思想史中发现。

但是在这种传统中，有一类故事经常被忽略。在讲述故事时，政治理论家往往倾向于忽视、避开或掩饰 A. C. 布莱德利（A. C. Bradley）所说的悲剧（Tragedy）的"基本事实"。布莱德利说，"大家都会同意所有的悲剧中都存在某种冲突——感情、

---

[1] 这段话源自《理想国》第二卷中苏格拉底与阿得曼托斯的对话："我亲爱的阿得曼托斯啊！你我都不是诗人而是作为城邦的缔造者在这里发言的。缔造者应当知道，诗人应该按照什么路子写作他们的故事，不许他写出不合规范的东西，但不要求自己写作。"参见柏拉图《理想国》，郭斌和、张竹明译，商务印书馆，1986，第73～74页。——译注

Culture 悲剧与拒绝：西方政治思想中的差异政治

思想方式、欲望、意志、目的的冲突，人与人、人与环境以及人与自己的冲突。依情况的不同，可能会是一种、几种或所有这些种类的冲突。"[1] 悲剧在于，这些冲突与其说是善与恶之间的战争，不如说是善与善之间的战争。

政治理论家往往至多是对这些价值冲突表示惊奇。有些人干脆拒绝承认互相竞争的善观念（conceptions of good）之间冲突的存在。他们坚持认为，根据逻辑和定义，善是不能与自身发生冲突的。但是，只要我们的信念是处于争论中的或可以修正的，只要我们依旧被人类生活的伦理不确定性所困扰，我们就会发现自己将面对不同且相互竞争的信念结构、生活方式、文化价值领域以及社会与政治实践的道德形态。在两个可欲的、急切的、正当但不相容的行动方案中被迫做出选择，是全部人类经历中一个无法逃避的命运。

其他那些承认存在不同善观念的人则争辩说，这些善可以通过原则、程序、优先规则或社群共识来校准和权衡。在这些作出评判的例子中，人们经常用到对不同的善的观念加以平衡的比喻（Metaphor）。但是如果处于冲突中的价值是截然不同的，就很难看出可以用何种校准或权衡体系对它们加以平衡。事实上，需要加以平衡的，并非这些相互冲突的不同价值，而是相对于其他标准的分量——这些价值已经根据那些标准而转变了。换句话说，在悲剧性冲突中成为问题的价值，并不是在假定的权衡与衡量标准上有所不同，而是彼此互不相同。它们构成了描述我们伦理与

---

[1] A. C. Bradley, *Oxford Lectures on Poetry* (Oxford: Oxford University Press, 1950), 70.

政治行为的对立方式。由于它们彼此不同,悲剧性冲突就拒绝了那些以转换和评估之标准为基础的简单解决方案。

最终,纵观西方政治传统,我们发现了声称从人类社会中消除悲剧本身的特殊设计。这些思想家主张,如果能依据所需的统一性、和谐性与同步性原则而生活,我们就可以一劳永逸地将悲剧从人类生活经历中彻底清除。尽管消除人类悲剧的愿望或许可以被描述为政治思想中最古老最崇高的目标,但它也可以被描述为政治思想中最持久的失败。这些设计失败的原因,与在其之前的描述性建议失败的根本原因相同,他们都否认相关道德差异的意义。

悲剧植根于人类不同价值与利益的差异的现实之中,人们不可能仅仅通过哲学推论将其从人类生活中消除。拒绝面对这个现实,乃是政治勇气的一种失败。最坏的情况是,它是一种用理性来强迫服从的尝试。问题不仅仅在于,一个没有差异的世界在实践中是一个令人觉得索然无味的世界。毋宁说,问题在于,即使我们能够建立这样一个世界,一个承认和尊重我们道德差异的世界对我们才是更可取的,哪怕我们由于这些差异的内在性质而无法逃避悲剧。

本书致力于批判性地考察西方政治传统中的悲剧和对它的拒绝。在第一部分里,我将考察柏拉图和卢梭讲述的故事中对差异的拒绝。我将从柏拉图《理想国》(Republic)中的繁复的故事开始,它是以一种反讽模式(ironic mode)所讲述的反悲剧叙事。[1] 用不

---

[1] 关于流派(genre)与类型(mode)的差异,请参看 Alastair Fowler, Kinds of Literature (Cambridge, Mass.: Harvard University Press, 1982),106—130。政治思想史中包含的叙事不仅仅是无足轻重的文学点缀。相反,它们是一个非常复杂的语言游戏的组成部分。作为一种交际的实践,文本的叙事文法配以并编排了论证、概念、事实和逻辑之间的相互联系,以此强调了整体的戏剧性效果。反过来,整体的叙述性结构表达了文本的政治论证和视野。这正是那种政治理论家在表现和重组政治生活时会讲述的故事。

Culture 悲剧与拒绝：西方政治思想中的差异政治

太专业的术语来说，我将强调柏拉图在借苏格拉底之口所讲述的反悲剧故事中所持的反讽性立场。通过关注分析中的反讽方面，我想这样解读《理想国》：它是一个建构自身同时又解构自身的文本，是一个既讲述自身又消解自身的故事。在我进一步明确论述《理想国》中悲剧与反悲剧（Antitragedy）的主题之前，让我先就反讽（Irony）说上几句。这个次级主题将在接下来的内容中不止一次出现。

我必须承认，无论是作为分析模式还是艺术，我并不认为，反讽全然像人们所说的那么好。当然，我很清楚，这种反讽性的解读方式在当前极其时髦。我也很欣赏作为理论工具或武器的反讽所具有的力量。但是正如斯塔尔夫人（Germaine de Staël）近两百年前所注意到的，由于反讽强调嘲弄、轻浮、表层技巧和小聪明，它太过于可疑、令人无法信赖、令人失望。用她的话来说，它"太法国化"了。[1] 然而，尽管反讽在当前很有吸引力，但正是由于这种吸引力，许多人，尤其是那些被解构（deconstruction）所迷住的人，忽略了反讽的局限。尽管它能够颠覆和搅乱了语言交流的清晰性——西方世界正是在此基础上建立了"在场的形而上学"（metaphysics of presence），但是反讽并没有开创新的前景。

柏拉图的《理想国》就是一个恰当的例子。尽管柏拉图有时被看作西方形而上学的正宗创始人和始作俑者，但他无疑是西方传统中最伟大的反讽家之一。许多人已经认识到了柏拉图《理想国》中不同层面上的反讽，但是很少有人关注它的局限性。在叙

---

[1] Germaine de Staël, *De l'allemagne*, ed. Jean de Pange (Paris: Librairie Hachette, 1959), tome 4, 64.

事的层面上,这些局限性存在于他无法逃脱重复和否定的无限循环里,而这种循环是内涵在他自己讽刺的寄生本质之中的。在挑战苏格拉底的理想图景时,柏拉图在使用自己的反讽时"并没有变更领域,而是重复暗含在基本概念和原初问题里的东西,也就是使用房屋中可利用的工具或石头来对抗面前的大厦。对于语言也是如此"。[1] 当然,问题在于,继续停留在这一领域,柏拉图就得冒险证实和重申他据称要解构的东西。由于反讽模式既肯定又否定,由于它要不停地重复自己所否定的东西,柏拉图永远无法将自己从苏格拉底的文字城邦的语言中摆脱出来。作为一个追随者,他必须先将苏格拉底式的城邦高举上天,然后在无尽的反讽中将其夷为平地。

对比古典戏剧通常互相联系的三个主题,苏格拉底的反悲剧艺术(antitragic art)能够得到最好的理解。首先,悲剧作品倾向于关注人类脆弱性的主题,尤其是人类生活面对道德幸运或不幸的偶然力量时的脆弱性。事实上,亚里士多德将从幸运到不幸的变动描述为复杂悲剧情节转折的典型主题。与此相反,苏格拉底的言辞城邦(city of words)中所表达的反悲剧图景,则建立在克服政治生活与人类幸福之偶然性的可能性之上。[2]

除了对非脆弱性的寻求外,苏格拉底的反悲剧图景是以他对语言纯洁性和清晰性的要求为基础的。事实上,语言交流的清晰性对苏格拉底探寻"正义为何"至关重要。这将我们带入了苏格

---

[1] Jacques Derrida, "Les Fins de l'homme," in *Marges de la philosophie* (Paris: Editions de Minuit, 1972), 162. Unless otherwise indicated, all translations in the book are my own.

[2] See Martha Nussbaum's nonironic reading of the Republic in *The Fragility of Goodness* (Cambridge: Cambridge University Press, 1986).

Culture 悲剧与拒绝：西方政治思想中的差异政治

拉底和悲剧之间的第二个对比：悲剧作品经常具有语言暧昧和词语多义的特点。[1] 悲剧叙述不是去试图发掘像正义这类术语的明确含义，而是敦促我们区分各种不同的语义场（宗教的、司法的和军事的），正义一词的多样性实践（discursive practice）在这些语义场中被认为是适当的。

最后，正如我们已经见证过的，古典悲剧经常展现文化价值和伦理实践不同领域之间的冲突，这或许可以说是古典悲剧最显著的主题。例如，建立在亲属关系上的价值，通常被展现为与基于城邦及其荣誉的价值产生冲突。这种冲突传统上是依据性别差异来构想的。而在另一边，苏格拉底则试图依据其专业分工原则来解决这种人类的悲剧。他依照某人的自然属性（physis）来定义那人的美德（arete），从根本上转变了在荷马和古典文本中通常与性别相联系的价值。他争辩说，就一个护卫者履行其职责的能力而言，他与生俱来的卓越性的实现与性别无关。他声称，实现该职责所必备的正直这一道德原则与个人品性和灵魂有关，而与其体质或性别无关。

尽管我同意美德并非取决于性别，但苏格拉底仍只不过是合并、浓缩和削减了各种复杂的功能，人类通过平等但不相同的美德在伦理生活中表现出这些功能。按照他的专业分工原则，每个人都应当履行在本性上最适合他或她的单一职责。表面上，苏格拉底似乎由此而强调了对其城邦差异性的、特殊化的贡献的重要性。但

---

[1] On this point, see Jean-Pierre Vernant's essays, "Tensions et ambiguïtés dan la tragédie grecque" and "Ambiguïté et renversement. Sur la structure énigmatique d'*Oedipe-Roi*," in Jean-Pierre Vernant and Pierre Vidal-Naquet, *Mythe et tragédie en grèce ancienne* (Paris: Maspero: 1972), 19–49, 99–133.

是，通过提供一个没有内部差异的单一完整图景，他严格地限制了护卫者群体内部差异的存在。护卫者在城邦和家庭之间不做任何区分。事实上，他们要将自己设想为一个幸福的大家庭。通过这种方式，苏格拉底的城邦图景就是一个借助简单得可疑的统一性原则结合起来的整体。当然，这一模式不光明显地丧失了功能上的复杂性。苏格拉底从根本上消除了各种差异性的重要性，包括我们活动领域的不同、伦理观点的不同以及生活方式的不同。

在一些重要的场合，让－雅克·卢梭使用了苏格拉底的反悲剧叙述。在第二章中，我将考察卢梭的第一本著作《纳喀索斯》（Narcisse）[1]。这是一部性喜剧，讲述的是一个男子爱上了自己装扮成女人的肖像。终其一生，卢梭显然都在为自恋问题（narcissism）所困。他抱怨说："我们总是在自身之外，从别人对我们的感知和评价之中来获取自身的存在这一情感。"[2] 对卢梭而言，自恋实际上是一个自我疏离（self-estrangement）的问题。只有当我们成为其他人意识的对象时，我们才会为自身而着迷。卢梭尝试在自己的政治思想中克服这个问题时，为我们提供了颇像苏格拉底美好城邦（callipolis）的政治共同体愿景，这一愿景拒绝差异性，并从其愿景的纯洁性出发，消除了互竞的伦理观点的价值和重要性。

---

[1] 纳喀索斯一语（Narcisse，也译自恋者、水仙花）源自古希腊神话美少年纳喀索斯的故事。美少年纳喀索斯有一天在水中发现了自己的影子，却不知那就是他本人，爱慕不已、难以自拔，终于有一天他赴水求欢溺水死亡，死后化为水仙花。后来心理学家便把自爱成疾的这种病症，称为"自恋症"或"水仙花症"。——译注

[2] Jean-Jacques Rousseau, *Discours sur l'origine et les fondements de l'inégalité* in *Oeuvres complètes*, ed. Bernard Gagnebin and Marcel Raymond（Paris：Gallimard, 1964）, tome 3，193.

Culture 悲剧与拒绝：西方政治思想中的差异政治

在我看来，在道德上令人生疑且在文化上不合逻辑的，不是我们原则的分歧，也不是我们观点的多元性，而是对这种伦理统一性的渴望。事实上，在这种单一文化的共同体里，不可能存在任何重大的或具有挑战性的道德争论。道德判断依靠的是将一种伦理表达或生活方式（以及其内部的理性标准和原则）凌驾于其他多种之上，结果就是反对的声音不得不沉默，不得不被剥夺或被消除。

而且，那些赞同采取反悲剧的统一性方案的人没有认识到，不同伦理立场的定义和区分需要用对立的方式去反对或统合。没有了这些差别，自恋者的统一性方案本身是无法维系的。就此而言，在理论上不合逻辑的，不是与伦理多元主义（ethical pluralism）相联系的价值冲突，而是卢梭公民共同体中包含的反悲剧性因素。

在前两章考察过反悲剧的统一性主题后，我将在本书的下一部分更加明晰地探讨悲剧性冲突的问题。我会以塞万提斯（Miguel Saavedra deCervantes）讲过的一个故事来开头。在《堂吉诃德》第9章的第1部分中，我们看到了勇敢的堂吉诃德与骁勇的巴斯克人正在战斗。正当这两位死敌准备拼个你死我活时，塞万提斯中断了故事。跟随着塞万提斯的脚步，我也要讲述一个关于悬而未决的战斗的故事。大多数现代西方政体中最令人苦恼的问题之一，当然就是在常被称为"自由主义"和"共和主义"的个人自由（liberty）和政治自由（freedom）[1]之间的分歧。一边是我

---

[1] 作者在书中多次区分 liberty 和 freedom，也多次将 individual liberty 与 political freedom 并列使用，因此这里将 liberty 译为"个人自由"，将 freedom 译为"政治自由"。——译注

们对个体自由力量的渴望，对我们不受他人干涉规划自己生活与目标的自由的渴望；另一边是我们对通过公民义务和公共参与而赢得民主自治的需求。处于这些互相竞争概念之上的道德力量之间，我将暂时不下结论。

在接下来的三章中，我给出了三个不同的故事。在过去调节个人自由（individual liberty）与政治自由（political freedom）之间的关系时，政治理论家们通常讲述过这些故事了。"天使之笑"包括了黑格尔对悲剧性冲突采取的喜剧式进路；"批评家的狂欢"考察了让-保罗·萨特和雅克·德里达作品中内含的讽刺与恶搞元素；"杰斐逊先生的美国传奇"分别探求了理查德·罗蒂以及汉娜·阿伦特提供的传奇故事。

与苏格拉底和卢梭的反悲剧性主题相反，黑格尔的"喜剧式"叙述并不寻求消除伦理冲突的"根源"。例如，苏格拉底混同了家庭与城邦，黑格尔则在试图克服二者之间的张力时保留了这些差别。事实上，他坚持认为，通过"否定之否定"的逻辑演化而产生的肯定里，一切悲剧性冲突都能够找到其统一的根源。在终结个人自由（liberty）与政治自由（freedom）之间的冲突时，他运用了这种叙事文法来表达并描绘出统一这一政治目标。

用他的话来说，国家在其普遍性与特殊性之中实现了普遍自由与个人自由的统一。在市民社会中，个体具有不受他人干涉而规划自身及其目标的能力，但在国家中，他们将自己与所有人的普遍意志（universal will）合而为一。因此，结合人们对个人自由的渴望和对普遍自由的要求，黑格尔的喜剧可以被理解为一种结局为皆大欢喜的悲剧。

然而，人们不禁会怀疑，黑格尔关于统一性的图景是否像反讽一样还有着弦外之音。就像我们将会看到的，对于一些人来说，他把"国家的普遍意志"描绘成不过是特殊性的面纱，是君主、官僚和特权等级特殊目标和利益的面纱。这样，黑格尔的"普遍性"就隐藏了一些根本性的矛盾。这些矛盾仍然既在个人层面上存在于个人与公民之间，也在制度层面上存在于市民社会的利益与国家的利益之间。与此相对，有人则宣称说，由于国家拥有了特权地位，普遍性将消融并最终破坏个人自由的价值。

最后，许多后现代思想家赞同如下富有争议的主张，以反击黑格尔的喜剧式图景：政治文化的道德要求和原则可以最终通过一套辩证的扬弃（dialectical sublation）逻辑而被结合在一个和谐的整体之中。为了反对他专用的哲学模式，他们提出了一个不可言说的"他者"（ineffable other），它既不渴望也不屈从，而是讽刺地破坏了辩证的扬弃。对他们来说，"他者"摆脱了黑格尔派如下主张：每一个"他者"都是对自身的否定，可以由其自身的呈现而被带回。相反，"他者"必须总是虚构的或神秘的。事实上，对于"他者"，我们唯一可说的就是我们无法把握它：它是不能被言说的。正是这一点被系统地排除在了黑格尔的喜剧性图景之外。由于它存在于黑格尔的体系及其叙事文法之外，"他者"对黑格尔通过扬弃的政治来克服文化冲突的辩证性渴望提出了挑战。

通过发掘黑格尔体系的内在逻辑，这种讽刺性的故事似乎从本质上来说就是颠覆性和批判性的。声称他们砸碎了铭刻着我们文化的纪念碑，从而提供了新的前景和建设性的可能，这很大程度上是一种妄想。他们不是提出自己的建设性观点，而是不断地重复他们所否定的东西。例如，让我们来看看萨特的"沉默的共和国"（Republic of Silence）。

萨特告诉我们说，自由本身作为一种反抗行为，是立基于沉默（silence），建立在"阴影与鲜血"之上的。[1] 由于把解放（liberation）定义为压迫的对立面，萨特对解放的声援就不可能也没有假称自己整合了民主自由的目标与个体自由的原则。然而，他对解放这一理念的表述是：在一个据说不存在压迫的世界里对纯洁（purity）与总体性（totality）的渴望。他口中的纯洁，是一种在完全独处的情况下担负完全责任的行为，而他口中的总体性，就是成为上帝的欲望。然而，作为带有讽刺性质的东西，这种图景注定会因为其不可行性而被打碎。这样，萨特的肯定就只是为否定我们对幸福结局和高尚谎言的向往。

因此，与柏拉图的反讽式对话类似，语言的清晰性在刹那间得以复苏，但只是为了再次消融在延异（differance）[2] 的无尽表演之中。作为一切言语行为（speech acts）中固有的空白和鸿沟，延异据说是位于看上去是即刻和当下的不清晰地带之中。幻想意

---

[1] Jean-Paul Sartre, "La République du Silence," in *Situations 3* (Paris: Gallimard, 1949), 14.

[2] 在解构主义的理论体系中，德里达自创的术语"延异"居于非常重要的地位。所谓"延异"，即延缓的踪迹，它与代表着稳定的语言——思想对应关系的逻格斯中心主义针锋相对，代表着意义的不断消解。延异，顾名思义，"延"指延缓，"异"指差异，"延异"即由"差异"（difference）与"延缓"（deferment）两个词合成。"延异"与传统的逻格斯中心主义（logos）正好相反。逻各斯中心主义假设一种固定意义的存在，主张思维与语言的合一性。而延异则表示最终意义不断被延缓的状态。德里达认为，语言无法准确指明其所要表达的意义，只能指涉与之相关的概念，不断由它与其他意义的差异而得到标志，从而使意义得到延缓。因此，意义永远是相互关联的，却不是可以自我完成的。——译注

义或意识的自我存在，因此就被认定是不可能的，是一张掩盖延异的假象和面具而已。从这个角度来说，对德里达解构努力的最好描述也许是：他试图展现出对延异的压制，这种压制是所有"存在"和"在场"（Being and Presence）之宣示的基础，也是建立在隐晦的层级制度和对"他者"的压制之上的宣示的基础。通过表达"他者"，德里达的讽刺是故意要扰乱存在之显明的在场。然而，正如德里达自己所知道的，这种讽刺所固有的寄生性，是注定要和一种同一性和他异性的辩证法捆在一起的，是无法逃脱的。表达"他者"，只不过是颠倒了两极，使得污秽的变成纯洁的，纯洁的变成污秽的。

理查德·罗蒂没有重复对喜剧和讽刺作品中的那种清晰性和纯洁性的要求。他激进地转变了哲学的使命。如果一个人像罗蒂那样，不去对"在场"、"表现"（representation）和"清晰性"的语言抱有太大信心，那么，他也就无须特别感到被词语的寄生性所威胁（这种寄生性被认为会吞噬掉语言的纯洁性）。事实上，如果一个人像罗蒂那样接受了语言的偶然性，就应该抛弃语言就是万物之基的观念。

他告诉我们：哲学"只要一不安分于向新方向上传递谈话，就会陷入自欺的境地"[1]。事实上，哲学的意义在于"履行其社会功能，即通过如下观念来防止人们欺骗自己：除了选择性的描述之外，他还能了解他自己或是其他任何东西"[2]。在他看

---

[1] Richard Rorty, *Philosophy and the Mirror of Nature* (Princeton, N.J.: Princeton University Press, 1979), 378.
[2] Ibid., 379.

第一版序言

来，哲学的关键任务是治疗性的：它强迫我们认识到我们的自我欺骗，打破了约翰·杜威（John Dewey）所说的"习俗的坚硬外壳"。罗蒂任由此基础被毁坏，进而建立了一种无基础的哲学。

像杜威一样，罗蒂为我们提供了一个关于未来的传奇。杜威写道，美国那种对新奇的事件、经历和社会结构之永不终止的、开放的可能性"催生了一种把世界看作是在持续不断地形成之中的哲学。在那个世界里，自由意志、新事物和一个真正的未来仍然有着一席之地"。[1] 与背负着一堆继承下来的旧观念、偏见和比喻的旧世界不同，这种实用主义的新哲学致力于建设这一真正未来的多种可能性（multivalent）。

与罗蒂关于未来的实用主义传奇形成对比的是，汉娜·阿伦特这样的传奇创作者倾向于把兴趣放在复兴、复活和重新诠释过去的教训和比喻上，并以此作为挑战当前境况的一种方式。从这方面来说，他们的讯息里就存在着两种基调：忧伤的挽歌和急切的催促。这些故事并不仅仅像罗蒂自己的传奇那样，去哀悼不可避免地丧失的在世界上观察和行动的更好方式，而是发挥了治疗和启发的功能。

这些传奇重新唤醒了我们对过去的隐喻（metaphor）和故事的理解，从而马上就批评了盛行的政治实践中经常出现的贫瘠且刻板的语言，并且为政治及社会变革提供了激进的可能性。由

---

[1] John Dewey, "The Development of American Pragmatism," in *John Dewey, The Later Works 1925–1953*, ed. Jo Ann Boydston (Carbondale, Il.: Southern Illinois University Press, 1984), vol. 2, 19.

此，它们并没有敦促回归太平盛世，而是担当了创造性的错置时代（anachronism）的启发性任务：敦促我们政治实践的激进变革去反映我们已失却的理想。

在一些重要的方面，与其说罗蒂的未来传奇与阿伦特的往昔传奇是相互排斥的，还不如说它们是互为镜像的双生理论。正如我们将会看到的，对阿伦特来说，民主自由的政治领域必须要比其他领域和行为享受更多的优先权，因为它处于决定我们是谁、我们珍视什么的领域之中。通过反对一切这种具有优先性的行为，罗蒂稳定了个人自由，以便保护个体免遭暴虐和支配的有害影响——在历史上，那些暴虐和支配曾被假借于我们最珍视的自由与自主的名义而加诸人们身上。

在罗蒂和阿伦特片面的传奇产生局限的方面，我们发现了像索福克勒斯（Sophocles）所展示的那种悲剧作品的理论力度。在结尾的一章里，我将三次讲到安提戈涅（Antigone）的故事。《安提戈涅》[1]经常被理解为与"他者"（这个词几乎就像"反讽"一样时髦而又拐弯抹角）进行的悲剧性对抗。作为澄清有关"他者性"的语义场的第一步，我将把克瑞翁（Creon）与安提戈涅（Antigone）之间的关系分析为一种在辩证的、不可言说的和差异性之间的冲突。通过论证"他者"的前两个特征（分别与黑格尔和德里达联系在一起）是不充分的，我以对"把延

---

[1]《安提戈涅》是古希腊悲剧作家索福克勒斯公元前442年的一部作品，被公认为戏剧史上最伟大的作品之一。剧中描写了俄狄浦斯的女儿安提戈涅不顾国王克瑞翁的禁令，将自己的兄长——反叛城邦的波吕尼刻斯安葬，而被处死，而一意孤行的国王也遭到妻离子散的命运。剧中的安提戈涅被塑造成维护神权/自然法，而不向世俗权势低头的伟大女英雄形象，激发了后世的许多思想家如黑格尔、克尔凯郭尔、德里达等的哲思。——译注

异变回为差异"的呼吁来结尾。用更为直白的话说，我呼吁我们要在向冲突、偶然性以及费解性的妥协中尊重我们的伦理差异。那些冲突、偶然性和费解性不可避免地源于复杂而多样的原则、传统、仪式、生活方式以及我们所讲述的自己民族的故事。

第一部分
政治思想的反悲剧性剧场

第一章
柏拉图《理想国》中的幸福结局与高尚谎言

柏拉图关于诗歌与艺术的最后文字记载于《法律篇》第 7 卷中。在这里，像他之前的苏格拉底一样，柏拉图借一个雅典陌生人来把诗人驱逐出他理想的城邦。在对诗人的谴责中，柏拉图的主人公似乎在不厌其烦地提醒我们：他的城邦本身就是一种诗意的建构，于是就不应该允许其他诗中的观点闯进他想象的城邦的大门。由于其文章直率的挖苦以及对"真正"的悲剧的界定，这一众所周知的段落一直世代传颂：

> 当说到我们的悲剧诗人以及他们的悲剧作品，如果他们中有人到我们这里来，并以如下方式问我们问题："陌生人，我们可不可以经常光顾你的城邦和土地？我们可以随身带来我们的作品么？"我们怎样恰当地回答这些天才人物呢？如果我没弄错的话，我们的回答应该是这样："最尊敬的客人，就我们的能力而言，我们自己也是悲剧作家。那些悲剧都是我们能创作的最好最美的作品。实际上，我们

的整个政体就是被作为高贵完美生活的展现而被构建起来的。它被我们确认为真正的最真实的悲剧。所以我们与你们是同一种类型的诗人，互相竞争的艺术家和演员，出现在最好的戏剧中。所以，不要去想象我们会轻易让你们在集市边紧挨着我们的舞台搭起自己的舞台，使用一队其悦耳的嗓音会压倒我们嗓音的外来演员，并且让你们在我们的妇女儿童和全体人民面前发表你们的演说，让你们在与我们所说的相同话题上发表言论。其效果虽不及我们，内容却大多背道而驰。我们怎会这样呢？我们要这么做的话，绝对是疯了。"（*Laws* 917a – c）[1]

对于柏拉图而言，真正的悲剧总在结尾之处皆大欢喜。作为一出关于良善和高尚生活的戏剧，它描绘了一个伦理冲突得到了克服的领域。在那里，语言是清晰明了的，而且据说人们的幸福也不会受到生活中的不幸和偶然性的破坏。从这个方面来说，柏拉图真正的悲剧无疑是反悲剧的。与文化生活中的暧昧、偶然和冲突（这些是悲剧所凸显的）相反，柏拉图给我们提供的，是言语清晰、充满自信的事实，才智非凡者无懈可击的良善，以及文化与政治和谐的前景。

在《理想国》中描绘这种反悲剧性的戏剧时，柏拉图请出

---

[1] Citations to Plato's works are from the *Loeb Classical Library*, ed. T. E. Page, et. al. (Cambridge, Mass.: Harvard University Press, 1914). 中译文参见柏拉图《法律篇》，张智仁、何勤华译，上海人民出版社，2011，第241页。

第一章 柏拉图《理想国》中的幸福结局与高尚谎言

了苏格拉底来展现美好与高尚的生活。[1] 诚然，这样的描述中是存在着不少反讽意味的。柏拉图让自己叙事的声音与真理王国远隔三重，把它放在了那臭名昭著的、为被苏格拉底所驱逐的诗人所保留的位置上。事实上，通过从古典戏剧本身那里汲取的内容，柏拉图解构了他让苏格拉底所建构的那一图景。

在《会饮篇》的结尾处，苏格拉底宣称："懂得如何用艺术来创作悲剧的人，也就懂得如何来创作喜剧"。（223d）在他的解构中，柏拉图讽刺性地运用了悲剧与喜剧的主体来质疑苏格拉底对最好与最高尚的生活的诗意化构建。通过运用文字游戏、双关以及笑话，柏拉图同时对悲剧性和喜剧性的主题作了反讽性的运用，以挑战苏格拉底对美好高尚生活的诗性建构。通过俏皮话、双关语和玩笑，他使用了喜剧性的战术来颠覆苏格拉底关于和谐与政治统一性的图景。通过重新引入暧昧、冲突和脆弱性的主题，他也运用了悲剧性的效果来破坏苏格拉底的反悲剧性故事。如此一来，尽管苏格拉底反戏剧的真正悲剧里总是以幸福为结局，但是我们将会看到，在柏拉图对话中的幸福结局永远不会多于（经常少于）高尚的谎言。16

---

[1] 我不会去重点关注"苏格拉底问题"，而是将把苏格拉底描绘成这样一个角色：至少在《理想国》中，他是与反悲剧性艺术（也就是雅典陌生人所说的"真正的悲剧"）联系最紧密的人物。不论它有什么缺陷，这种方法有一种好处，就是在"字面上"是精准的。不论柏拉图对于苏格拉底历史形象的描绘准确与否，在他的对话录中，苏格拉底无疑是一个有着独特措辞风格和思想的角色。在接下来的第三部分中，我将会探讨这种呈现结构（柏拉图让苏格拉底呈现真正的悲剧）的完整意义。

Culture 悲剧与拒绝：西方政治思想中的差异政治

第一节　论苏格拉底之死

纵观全部的中期对话，苏格拉底的人生结局总是被描绘为幸福的。例如，注意《申辩篇》中苏格拉底自己与阿基里斯（Achilleus）[1]的比较："你错了，我的朋友"，苏格拉底说，"如果你认为任何一个有一点价值的人应该花时间计较生死的前景，按照你的论证，那些死在特洛伊的伟大英雄就会是可怜的人了，尤其是忒提斯的儿子"。事实上，我们可以回想一下，苏格拉底接着说道：

> 在阿基里斯受到他的女神母亲的如下警告后（如果我没记错的话），他仍然认为，与长久的耻辱相比，危险是微不足道的："吾儿，你为你友帕特洛克洛斯（Patroklos）之死复仇，杀了赫克多拉（Hektor），自己也休想活，因为死的命运，在赫克多拉之后，接着就到你。"当他听到这样的警告时，他流露出对死亡和危险的漠视，因为他对过一种卑贱的生活要更加恐惧。(28c-d)

正如任何一个雅典人都知道的，《伊利亚特》提示我们说，

---

[1] 阿基里斯，又译阿喀琉斯、阿基琉斯，是荷马史诗《伊利亚特》中参加特洛伊战争的一个半神英雄，希腊联军第一勇士。他是海洋女神忒提斯（Thetis）和英雄珀琉斯（Peleus）之子。出生后被母亲握住脚踵浸在冥河水中，因此除脚踵外全身刀枪不入。在特洛伊战争中杀死特洛伊第一勇士赫克托尔，使希腊军转败为胜。后被帕里斯受到太阳神阿波罗指引或加护的暗箭射中脚踵而死。——译注

第一章 柏拉图《理想国》中的幸福结局与高尚谎言

阿基里斯远不是以这种方式考虑自己生死的。相反，早在帕特洛克洛斯死前，阿基里斯的母亲忒提斯就提醒过他的命运。事实上，他同伴的死亡正是他悲剧性命运的一个结果。《伊利亚特》的第9卷借用了在悲剧作品中频繁运用的对比结构。在此，阿基里斯回顾了他面前的不可兼得的命运：

> 牛和健壮的羊可以劫掠得来，三脚鼎和栗色马可以被赢得，可一个人的生命不能复得。一旦大限已至，它就不能以劫掠或强力而复得。我的银脚神母忒提斯说，我死前是有两种命运可以追寻。如果我在这里待下去，参加对特洛伊的围攻，那么我就无法返家，但我可以赢得不朽的名声。如果返回家园，回到我所热爱的故地，我的荣誉和声名将不复存在，却可活得长久，死的终期将不会匆匆来临。[1]

或者离开特洛伊的战斗，过上那种虽与荣誉无缘却长久而衣食无忧的生活，或者作为高贵的战士迎接不可避免的死亡。阿基里斯在反思了自己的命运后，并未毅然决然地重返战斗之中。事实上，在起初进行思索后，他敦促他的阿尔戈斯（Argives）同伴们离开伊利昂。然而，由于不愿走出这一步，他随后又试图让帕特洛克洛斯回到亚该亚并装扮成阿基里斯的形象，穿上象征着自己的盔甲，以欺骗他的命运。只是在他的战友死去后，阿基里斯才在疯

---

[1] The Iliad, trans. Richmond Lattimore (Chicago: University of Chicago Press, 1951), Bk. 9, lines 405–416. 在整章中，我都运用了理查德·拉提默尔对《伊利亚特》的译本。

狂和复仇的渴望下，通过追击并最终击败赫克托尔——正是他在杀死帕特洛克洛斯后反过来穿上了阿基里斯的盔甲——追寻了自己的死亡（在字面和形象的意思上来说都是如此）。

显而易见，蕴含在阿基里斯之死的故事结构中的悲剧性因素和命运的冲突，与苏格拉底对作为"死亡面前嘲笑生命"之人的阿基里斯的解读并不相符。无疑，苏格拉底在此处有意地转变了对英雄气概的荷马式理解。例如，他含蓄地批评了如下观点：一个人的真正荣誉是在战场上赢得和失去的。事实上，从雅典人的经历中，苏格拉底非常清楚，战争中的个人倾向于在丧失荣誉前先丧失人性。他也拒绝了这样的观点：通过考虑一个人如何被他人用传统美德标准来衡量，就可以恰当地授予他荣誉。据说真正的美德既不是建立于感觉之上，也不依赖于传统上的认可。最后，对我们当前的目的来说最重要的是，柏拉图笔下的苏格拉底用自己对待死亡的"真正悲剧性"的态度，取代了阿基里斯生命的悲剧性版本。

例如，在《斐多篇》中，这种转变明显地体现在苏格拉底所表达的如下信仰中：死亡是解放的一种形式，是生命的救治，也是朝向光明的旅程。他告诉我们说，

> 在死亡面前，一个真正投身于哲学的人应该是欢快的，并且确信能在来世中得到最伟大的祝福。其他人似乎没有意识到，那些追求真正意义上的哲学的人们，已经径直和自觉地为赴死和死亡做好了准备。果真如此的话，一个人为此而期待了很长时间，到了事情来临时却战战兢兢，岂不是怪事

第一章 柏拉图《理想国》中的幸福结局与高尚谎言

么？(*Phaedo*, 64a)

苏格拉底的话马上就转变成了一个笑话。西米亚斯（Slimmias）笑着说："宙斯爷在上，苏格拉底啊，我此刻并不想笑，可是你教我发笑。我敢说，听了你的话后，大多数家乡人会认为，我们可以好好笑话一下哲学家，认为他们已经半截入土了。"（64b）[1] 第一句话中三处笑的重复，回应了古希腊人对悲喜剧划分的一种传统理解：喜剧是浅显可笑的（geleoin），悲剧是高深严肃的（spoudaion）。

从西米亚斯的角度来看，苏格拉底向一个不受命运中不幸与灾祸伤害的领域的直接上升，似乎与生命中那些被认为是人性化之物缺少联系。毕竟，哲学家们已经半截入土了。在一个短暂的时刻，西米亚斯把我们重新拉回了人类生活的领域。与苏格拉底对一种稳定、纯洁和真实世界的追求不同，西米亚斯提醒我们，我们生活在与尘世化的肉身、有限性、痛苦和欢笑绑在一起的世界中。

然而，从哲学家们提升了的视角来看，死亡构成了生命的幸福结局。灵魂被运至一个无限的领域，远远甩开了现存现实［但丁（Dante）肯定会将其描述为地狱］的有限而矛盾的世界。正如苏格拉底所说："灵魂进到了那纯粹、永存、不朽和不变的领域。由于它具有相似的本性，它就能不受阻碍地居住在这一绝

---

[1] Here I am following Hugh Tredennick's rendering of thanatôsi as "half-dead." 在这里，我遵循的是 Hugh Tredennick's 对"半截入土"的解读。See his translation of the Phaedo in *The Collected Dialogues of Plato*, ed. Edith Hamilton and Huntington Cairns (Princeton: Princeton University Press, 1961).

对、恒常和不易的领域。"(79d)

在他对灵魂不朽性的论证中,苏格拉底提出了他著名的知识论原则——"回忆论"(anamnàsis)。在论证不朽灵魂的统一性时,他宣称说,真正的知识,即关于绝对的知识,只有通过对灵魂不朽性的回忆才能被发现。对世界统一性之知识的最终来源,只有通过灵魂对其不朽旅程的回忆,才能被揭开。这种以对自身不朽性的回忆作为真正知识之基础的观点,是柏拉图对话录中一个相当持久的主题。例如,它不仅出现在《斐多篇》和《枚农篇》中,还贯穿在整篇《理想国》之中。

举个例子来说,在柏拉图洞喻(allegory of the cave)的叙事结构中,死亡与知识的熟悉模式被给予了形象的外型。只有在上升到永恒后,囚徒才能获得回忆与知识。苏格拉底告诉我们,"如果他回想起他最初的居住地和那里曾有的智慧",囚徒现在就会清楚明了地看到他之前在阴影中度过的生活所处的幻境。

在一种结构性的层次上,在他那作为朝向永恒的航行的死亡经历中,他的上升之旅可以找到自己所在的世俗对应物。事实上,只有通过逃离自己境况的有限性,并从可朽性造成的障碍之外来看待自己的过去,这个囚徒才能在将其以前的生活仅仅看作现实的类似物时,解决其中固有的反讽性。这样,这个囚徒的反讽性困境就通过如下的寓言式方法得到了解决:寻找一个时间上的临界点,但这个点仍然位于他此前生活的有限境况之外。[1] 这

---

[1] 对在这种语境下所运用的讽刺与寓言之间关系的完整界定,请参看 Paul de Man "The Rhetoric of Temporality," *in Interpretation: Theory and Practice*, ed. Charles S. Singleton (Baltimore: Johns Hopkins University Press, 1969), 173 – 209。

第一章 柏拉图《理想国》中的幸福结局与高尚谎言

个临界点当然就是一个死亡的意象。

于是，囚徒自己从死亡中的复活，以及对此过程的回忆，就构成了一个叙事视角。透过这一视角，他就可以审视自己以前的生活。带着这些回忆，囚徒再次下降到洞穴之中，为的是在涉及灵魂恰当秩序的问题上指导其他人。然而，同以前一样，他想教给其他人的富于教学技巧的课程只会招致嘲笑，以及他自己最终在字面意义上的死亡。这个囚徒的身份由此便趋同于了苏格拉底的身份。

相同的模式更加清晰地重现在《理想国》的最终意象里。在潘菲利亚人厄耳（Pamphylian Er）的神话中，苏格拉底讲述了一个男人的故事。这个男人从自己的死亡中存活了下来，并且回忆起了他从"彼岸世界"得到的知识。在他对永恒的回忆中，厄尔讲述了一个灵魂面对其命运时作出选择的故事。在思索了这个神话后，苏格拉底说，"如果我们相信它，它就能救助我们"。（621c）

常常有人说，柏拉图用苏格拉底替代了厄尔。[1]《理想国》也许由此可以被理解为一个人的故事：他从自己的死亡中存活了下来，又再次下降到洞穴里，去讲述他自己的不朽旅程。柏拉图似乎在暗示说，这样的故事将挽救我们，假如我们让自己被它说服的话。为了突出这一点，《理想国》以 kateben（我下去）这个词开篇。在传统的用法里，katabasis 这个词指的是为寻求知识而下到地狱中去。比方说，我们可以注意荷马对这一词语的著名使用：

---

[1] For example, see Eric Voegelin, *Plato* (Baton Rouge: Louisiana State University Press, 1960), 59.

Culture 悲剧与拒绝：西方政治思想中的差异政治

"我下到冥府（kateben）"，奥德赛告诉佩内洛普（Penelope）[1]，"是为同伴们探听回归的路，也为我自己。我们还没有到达苦难的终点，今后还会有无穷无尽的艰难困苦，我必须把它们一一历尽"。（Odyssey, 23, 252）

虽然 kateben（下降）也许能够恰当地展现出《理想国》中的死亡这一主题，但柏拉图的精心布局似乎还有些复杂。荷马的地狱似乎以象征性的方式与《理想国》中的比雷埃夫斯港联结了起来。苏格拉底开头说道："我（和阿里斯同的儿子格劳孔）来到比雷埃夫斯，参加向女神的献祭，同时观看赛会"。（372a）苏格拉底所指的女神本蒂丝（Bendis）无疑被与地狱神赫卡忒（Hecate）联系了起来。赫卡忒是护送灵魂下地狱的神。但是从柏拉图的角度来说，比雷埃夫斯本身就被看成激进民主派的据点。它是商务活动的中心地带，也是奢华与无限激情的故乡。那里并不是一个依据神圣知识而统治的地方，倒像是苏格拉底所说的"非正义灵魂的城市"的例子。

如果荷马的地狱是与比雷埃夫斯有联系的，那么下降（katabasis）似乎就与洞喻中从洞穴里走上来的囚徒不对称了。然而，厄尔神话中的一个细节会为我们对这种不对称的解释提供一个线索。当潘菲利亚人的灵魂离开他的躯体时，苏格拉底说，

> 他来到了一个奇特的地方。这里地上有两个并排的洞

---

[1] 奥德赛，也译奥德修斯，是古希腊最重要的两部史诗之一《奥德赛》（另一部是《伊利亚特》，相传为盲诗人荷马所著，统称《荷马史诗》）中的主人公。佩内洛普，是奥德赛忠实的妻子，丈夫远征 20 年，其间她拒绝了无数求婚者。——译注

口。和这两个洞口正对着的，天上也有两个洞口。法官们就坐在天地之间。他们每判决一个人，正义的便吩咐从右边升天……不正义的便命令他从左边下地。(614c)

在这里，这种方向性的指示——正义的灵魂上升而不正义的灵魂再次下降——又一次颠倒了下降（katabasis）的传统用法。然而，一旦我们意识到如下这点，这个看似颠倒的矛盾就开始变得有些明朗了：通过把比雷埃夫斯与荷马的地狱联结起来，苏格拉底似乎在运用一种幽暗的反讽。荷马的地狱的意义在于点明不义灵魂之城——比雷埃夫斯。另一方面，苏格拉底自己对 kateben（我下去）的运用似乎在表明他从天堂下降到人间的情况。从这方面来说，katabasis（下去）就反讽性地与所有那些下降的经历联结到了一起。

这一点可以通过柏拉图在《蒂迈欧篇》中对颠倒方向的描述得到进一步的证实。在那里，这种颠倒被与灵魂的教育明确地联系了起来。事实上，在对蒂迈欧所说的灵魂中理性与激情的循环的破坏中，这种灵魂失序的症状得到了形象的表达。对这种失序的灵魂来说，就好比是"一个人倒立时头冲地脚冲天，在他眼中和在他人眼中都是左右颠倒的。"(43e)

第二节 对诗歌的审判

在苏格拉底言辞城邦的颠倒世界里，受审判的不是哲学家，而是诗人。同对苏格拉底的审判一样，被告的罪名是亵渎神灵和腐化青年。而且，正如苏格拉底因为"不关心自己的事"而受指责一样，诗人们将会被视为超越了正义的适当范围。由此，那个侮辱了苏格拉底的表象世界中的法律惩罚，在颠倒的世界里被转换为了对那些指责他的人的侮辱。因此，使柏拉图的颠倒逻辑变得完美的是，在前一个世界中被尊为荣誉的东西，在苏格拉底的城邦中只会受到蔑视。

苏格拉底对诗歌的审判所发生的背景，是对他城邦护卫者（guardians）的适当教育的讨论。与他后来对艺术中本体论和认识论元素的批判不同，在这里，苏格拉底的兴趣在于为青年人建立一种行为和思考的典范和模式，以此作为创造他们适宜的灵魂秩序的第一步。这项事业的矛头显然指向了荷马和那些一贯被看成"希腊的教育者"的诗人们。与这种传统智慧相悖，苏格拉底声称，在他们所讲述的故事里，荷马那样的诗人们颠倒了灵魂的正确秩序。事实上，从苏格拉底的那个颠倒的世界观来看，荷马看待世界的方式似乎既是头脚倒置的，也是扭曲的。为了使世界重新摆正过来，苏格拉底似乎在暗示说，我们自己的文化视野必须被颠倒过来。

大体说来，知识的文化视野的理念所指明的，是我们的语言和文化实践型塑了我们对现实的想象与感知。这与让-皮埃尔·韦尔南（Jean-Pierre Vernant）所说的"社会思想结构"或者米歇尔·福柯（Michel Foucault）所界定的我们的"话语实践"（discursive practice）有着密切的联系。这两者所指的，是我们塑造与组织我们对事物秩序及自己在该秩序中位置的理解的方式。[1]

---

[1] 对于这一点的讨论请参看 Simon Goldhill, *Reading Greek Tragedy* (Cambridge: Cambridge University Press, 1986), 76。

第一章　柏拉图《理想国》中的幸福结局与高尚谎言

如果我们发现，这种观念的提出者不是弗里德里希·尼采（Friedrich Nietzsche），而是他自称的死敌，我们不应该为此而感到惊讶。在柏拉图笔下，苏格拉底显然相信，我们对现实和身份的感知，是由我们讲述的关于自己的故事所塑造和定型的。事实上，考虑到他自己的理想城邦，他显然承认文化叙事的"神话—诗歌"式的力量。这种力量既体现为它们建设世界的能力，也体现为它们塑造青年人灵魂的能力。他对传统故事之"神话—诗歌"式影响力的承认，体现在了《理想国》第2卷中反对诗人的第一个论证里。

苏格拉底指控说，通过他们所讲述的故事，诗人腐化了青年人的灵魂。他宣称，青年人特别容易受到影响。他们的灵魂可以轻易地被所听到的故事定型和塑造。事实上，这些故事不仅型塑了青年人的想象力，而且还建构了认知和语言的场域，使得他们在其中对自己在世界上的经历加以理解。出于这个原因，在决定青年人应该接受的恰当教育时，首要的任务就是"我们首先要审查故事的编者，接受他们编得好的故事，而拒绝那些编得坏的故事。我们鼓励母亲和保姆给孩子们讲那些已经审定的故事，用这些故事铸造他们的心灵，比用手去塑造他们的身体还要仔细"。（377a-c）苏格拉底的评论表明，传统诗歌会破坏青年人的灵魂，而他自己的神圣艺术则会根据他们的本性，"给他们的灵魂打上"美德的印记。[1]

---

[1] 正如柏拉图所描述的那样，苏格拉底教育计划的基础，是他的如下能力：他能够使美德适合于接受教育的灵魂的天性。在这里，我们发现了苏格拉底对应用于道德教育的专业分工原则的依赖。对于对这种特殊分工原则的批判性评估，请参看接下来的第四部分。

Culture 悲剧与拒绝：西方政治思想中的差异政治

现在来看看对苏格拉底的第二项控诉。苏格拉底坚持认为，荷马和悲剧作家的诗所引发的腐化的最坏形式，就包含在他们所讲述的关于神祇的故事中。让我们回想一下《理想国》中荷马的地狱与比雷埃夫斯的关联。遵循着这种联结所暗示的形象颠倒的逻辑，荷马和诗人们似乎拥抱了一种关于神祇的"地狱式"观点。当然，我并不是说他们体现了一种基督教式的原罪观（conception of sin）。我的意思是说，他们从颠倒的比雷埃夫斯的视角来看待现实和神性。从这个观点出发，苏格拉底警告说，诗人们嘲笑那些真正有价值且神圣的东西，他们完全颠倒了"浅显可笑"（geleoin）和"高深严肃"（spoudaion）这两个领域。苏格拉底宣称，想把被诗人颠倒的东西再翻转过来的话，那些"非常想要听这类故事"的人就应该被教会去"把它们看作胡言乱语来加以嘲笑"。（388d）

例如，考虑一下《理想国》第 2 卷对"浅显可笑"和"高深严肃"的颠倒。当时，格劳孔戏称苏格拉底言辞中的第一个"真正的城邦"是一个猪的城邦。尽管表面上受嘲笑的是苏格拉底，其实真正被嘲笑的应该是格劳孔。他是形象地从猪猡的观点来认识这个"真正的"城邦的。当苏格拉底采纳了格劳孔的建议，让奢侈品被引进城邦中时，该被嘲笑的对象就更加明显了。当然，这样做的效果就是，苏格拉底由此创建了一个猪的城邦。通过一个漂亮的辩证转换，苏格拉底随后引出了最终将猪彻底驱逐出城邦的护卫者（guardians）队伍中。在教育的层面上，重点在于，格劳孔必须把自己的低级欲望驱逐出他的灵魂。如果他一开始是透过这些欲望来观察世界的话，那么，他现在必须学会从更神圣

第一章 柏拉图《理想国》中的幸福结局与高尚谎言

的高度来看待世界。这样，欲望（真实与低级的欲望）的反讽式表现，就反映了格劳孔的灵魂必须经历的颠倒。

这种颠倒了的视角的含义，在《理想国》第 10 卷苏格拉底考虑艺术的认识论问题时，得到了进一步的探讨。在那里，他把关于颠倒的语言转换成了一种关于距离的修辞。在知识的纵轴上（这提醒了我们他的线喻），苏格拉底宣称，他自己神圣视角的立场与艺术家颠倒的视角远隔三重。换句话说，苏格拉底是由高到低地看问题，而艺术家却恰恰颠倒了这一顺序。他们颠倒了自己灵魂的适当秩序，以使其感官欲望压倒理性。（605b）由于他们把理性赶到了灵魂最低级的部分里，他们那颠倒了的心灵秩序就在苏格拉底的如下主张里得到了地形学式的表达：诗人们扭曲了现实，因为他们是从低到高看问题的。因此，用一种线性的修辞来说，艺术家们就是在从我所说的"从地狱仰视神圣"的角度来看待真理王国的。正是从这种地狱的观点出发，他们才犯了不敬神的罪过。

在《理想国》的第 2 卷中讨论这个案例时，苏格拉底控诉说，诗人们违反了他的言辞城邦中所宣扬的两条基本"宗教言论和写作的法律与模式"。第一条法律规定，神必须总是只能被描述成善的而非恶的缔造者。以类似的方式，第二条法律谴责了将神描绘成具有欺诈和虚伪特性的诗人。除了这两条法律以外，苏格拉底也主张说，用来描述神的那些诗歌的韵律，必须要反映其主题的优美性。总的来说，神必须被描绘为对真善美的歌颂。对苏格拉底来说，诗人们在对这些法律的违反中体现的对神祇形象的扭曲，很可能就是他们对现实的地狱式颠倒的结果。从苏格拉底的颠倒世界的视角来看，诗人们就应该受到谴责。

那些也许是在比雷埃夫斯甚至雅典身居荣耀之位的东西，必定要被苏格拉底驱逐出他的言辞城邦（city of words）。事实上，诗人们会受尽嘲弄戏耍，被牵到苏格拉底理想城邦的有形边界之外。苏格拉底告诉我们，"至于我们，为了对自己有益，要任用较为严肃较为正派的诗人或讲故事的人，模仿好人的语言，按照我们开始立法时所定的规范来说唱故事以教育战士们"。（398a-b）无疑，这些与神圣事物相符的模式，反映在了柏拉图所描述的苏格拉底式城邦之中：这种城邦就是一出美好与高尚生活的戏剧。

第三节　柏拉图的讽刺艺术

很难相信柏拉图并未意识到在他自己的艺术技巧中隐含的反讽。例如，在《理想国》中建构苏格拉底关于美好和高尚生活的戏剧时，他似乎在有意地将自己与"依照神圣模型来做画的画家"加以比较。这些艺术家在开头时将"拿起城邦和人的素质就像拿起一块画板一样，首先把它擦净；然后，他们勾勒出政体的轮廓，并将其充实，不断地来回思索哪种政体在本质上是正义的、优良的、有节制的等"。（501a-c）在仿效神圣事物时，柏拉图让苏格拉底对理念（the forms)[1] 予以呈现。于是，通过取

---

[1] "理念"（eidos 或 idea）是柏拉图哲学中的核心概念，意指"心灵的眼睛看到的东西"，相当于英文中的 idea 或 form，前者强调它是人的理智所认识的、外在于理智之中的存在，后者强调它向人的理智所显示的是普遍的真相。柏拉图的理念具有多重含义：理念是通过对事物的抽象而形成的普遍共相，是事物的类概念或本质；理念是事物存在的根据，个别事物是由于分有了理念而成为这一事物的；理念是事物模仿的模型，事物则是理念的不完满的摹本；理念是事物追求的目的，是事物的本质，事物存在的目标就是实现它的本质，从而成为完满的存在。——译注

第一章 柏拉图《理想国》中的幸福结局与高尚谎言

代诗人的位置,柏拉图使自己与理念的神圣领域远隔三重。事实上,通过有意识地为自己的艺术采纳一种反讽的立场,柏拉图进而告诉我们说,理念本身是超越一切视觉表现的。出于这种原因的考虑,他似乎是在建议说,一种寻求呈现理念的艺术永远不可能充分呈现其存在。[1] 这里的悖论是显而易见的。柏拉图对苏格拉底的艺术的呈现,必须要去揭示、表现和显示理念那种无法呈现的领域。

在呈现那无法呈现的东西时,柏拉图让苏格拉底运用了一系列形象,以试图将理念转化为能为人们所感知的语言符号。当然,在这里,我想到的是他著名的日喻、线喻和洞喻。这些形象显然是通过视觉类比呈现了那些无法呈现的东西。从更一般性的方面来看,苏格拉底的理想城邦本身或许就可以被理解为一则寓言、一个戏剧化的比喻。它尝试以语言的形式描绘如下这种无法呈现的经验:灵魂"离开了表层世界",转向了真实存在物的永恒领域。

从这种视角来看,作为一则寓言,理念表明了对真理领域之纯粹可见性的恢复。这种可见性是由传统诗歌所描绘的形象来揭示的。这是一种对展现事物本身的尝试——不是善的特定例子,而是直接在其所定义的道德世界中行动的善本身。作为反悲剧的事物,它是一出关于纯粹知性的戏剧,带领我们进入不存在任何

---

[1] John Freccero 已经发现了暗含在这种技巧中的悖论:"每一种对于真实的模仿都带有反讽的潜在可能性",他告诉我们说,"因为呈现(representation)永远不会是原初事物的出场(presentation),它的存在本身就否定了它与其对象的同一性。"参看 *Dante, the Poetics of Conversion*,(Cambridge, Mass.: Harvard University Press, 1986), 108。

Culture 悲剧与拒绝：西方政治思想中的差异政治

脆弱性的领域，在该领域中，现实世界中的对立和差异都转变成了幻象。为了反对现实的激情，苏格拉底由此似乎提供了一束作为神圣理智之映射的阳光。通过解决世界中的紧张和矛盾，他描述了哲学精神在调和社会、自然与超自然世界中力量的角逐上的胜利。在他那"真正的悲剧"的最有力形象中——在理念的神圣领域中，这种调和被给予了一种决定性的外型。

然而，在塑造他关于美好与神圣生活的反悲剧性戏剧时，苏格拉底诉诸黑暗与任性。正是这种黑暗与任性构成了他将理念展现为光明、秩序与神明的领域的基础，并使之成为可能。[1] 它是感知世界的一个副本，并将其转变成它的对立面。通过这种方式，理念的永恒、普遍和稳固特性的最初来源，就不在无限之中，而是在现实世界（可感觉或感知的世界）中有限的、特定的和变动性因素之中。因此，苏格拉底所提供的神圣映象，在现实中乃是真实世界的映象，这个真实世界是通过柏拉图那种颠倒的诗学而得到转换的。所以，苏格拉底远不是逃离了雅典政治伦理生活的现实，而是认识到了那种最终培育了他的健康观的黑暗。

在这方面，柏拉图对苏格拉底理念观的表述，或许仅仅是一个高尚的谎言。尽管诗人不能将众神描述成说谎者，但苏格拉底提醒我们说，对于统治者而言，高尚的谎言则常常是有用的，它能够救治被统治阶级灵魂中的疾病。苏格拉底将"真正的"谎言定义为"被欺骗者灵魂中的无知"，而高尚的谎言则是一种语言

---

[1] 在此，我采用了 Paul de Man 建立起来的基本的解构式战略："Pascal's Allegory of Persuasion", in *Allegory and Representation*, ed. Stephen Greenblatt (Baltimore: Johns Hopkins University Press, 1981), 1–26。

上的仿造，它为了教诲的目的而"将错误的比作正确的"。显然，作为对神圣事物的模仿，苏格拉底的艺术不能表现真实本身。事实上，它或许甚至不能重现这种"真实性"，因为如果苏格拉底对可感知世界的倒置实际上是对真实世界的反映，那么，他的艺术就既不能源于神圣也不能反映神圣。在见证了位于世界中心的苦痛后，他那种"对神圣事物的语言比拟"似乎就是对现存事物之苦难的一种艺术的和伦理的反映。

该观点更为正式的表述是：作为寓言，苏格拉底的言辞城邦从定义上看就是将相似性（likeness）带入不相似之物（unlike things）的一个戏剧化的比喻。就此而言，他的言辞城邦本身就反映了作为神圣比喻的高尚谎言的结构。但是，即便从对其太阳形象的粗略考查来看，我们也会发现，在苏格拉底对理念之比喻结构的表达中，他的艺术似乎也更像是一层面纱而不是一面镜子。

谈及传统的一与多问题时，苏格拉底对理念的分析是以比喻开始的。他宣称：

> 一方面，我们说有多种美的东西、善的东西存在，并且说每一种美的、善的东西又都有多个，我们在给它们下定义时也是用复数形式的词语表达的。另一方面，我们又曾说过，有一个美本身、善本身，以及一切诸如此类者本身；相应于上述每一组多个的东西，我们又都假定了一个单一的理念，假定它是一个统一者，而称它为每一个体的实在。作为多个的东西，是看见的对象，不是思想的对象，理念则是思想的对象，不是看见的对象。(507b–c)

27

在此，我们已经在语言层次上揭示了作为从不相似之物中汲取的相似性的理念。它是展现了如下事实的一类事物：可见的差异性（多）是由一种抽象的、普遍的概念结合起来的，这种概念在"多"的组成部分之间建立了一种语言上的联结。因此，作为可理解之物的理念提供了关于身份的语词。通过这种语词，"多"就获得了其意义。

然而，作为一种抽象的身份，理念似乎抹去了那些他们得以在其上被加以语言性建构的差异。在这方面，苏格拉底的理念观可被看作构成了一种叙事文法。这种文法隐藏了一些对立和差异，而他的结构的逻辑实际上正是建立在这些对立和差异之上的。就这种结构而言，当差异存在于苏格拉底言辞城邦的有形边界之外时，似乎就失去了其独立的现实性和意义。换句话说，这些差异之所以变得不确定和不受限制，正是因为它们被排除在了苏格拉底城邦的界限和确定性之外。通过将他的语言领域创建为逻辑的全部，苏格拉底似乎提供给人类一个统一性和稳固性的意象。只有在差异的不确定性无法获得意义的情况下，那种统一性和稳固性才能持久存在。

通过清除这些差异，苏格拉底似乎在他的言辞城邦中不仅驱逐了悲剧艺术，而且驱逐了悲剧本身。这种观点或许在他有关共同体护卫者（guardians）的建议中获得了最好的说明。考虑一下古典悲剧里那种常会浮上表面的亲属关系与公民身份之间的冲突吧。例如，在荷马的《伊利亚特》中，当赫克托尔从战斗中返回去看望妻儿（也许是最后一次看望）时，这种冲突的美感和痛苦就得到了表达。

第一章　柏拉图《理想国》中的幸福结局与高尚谎言

当安德洛玛刻（Andromache）[1]恳求她丈夫留在受伊利昂城墙保护的家中时，赫克托尔转头看着自己年轻的儿子。阿斯蒂阿纳克斯（Astyanax）凝视着他仍旧穿着盔甲、脸被头盔遮住的父亲，他被那象征着赫克托尔荣誉的东西吓坏了。然而，温和地嘲笑完他儿子的恐惧后，赫克托尔立即展示了自己不着甲的身体。他将头盔放在地上，把阿斯蒂阿纳克斯揽入手臂中亲吻他。他随后为了自己的儿子向神灵祈福。在面对自己即将面临的厄运的情况下，他望向天空，做着令人战栗的祈祷：

> 宙斯，各位神灵，答应让这个孩子，我的儿郎，以后出落得像我一样，在特洛伊人中出类拔萃，如我一样刚健，强有力地统治伊利昂。将来，人们会说："此君远比他父亲高强。当他从战场凯旋，让他带着沾血的战礼，掠自被他杀倒的敌人，欢悦母亲的心房。"（475–481）

这番话中挥之不去的深刻反讽性语调，不光在安德洛玛刻明显的悲痛和她被期待表现出的高兴（这种高兴是从战争带回家的血淋淋的战利品中获得的）这两种感情的奇怪并置中得到了显现，它还在赫克托尔反复提及的如下愿望中得以体现出来：在他动身迎接自己的死亡时，在未来的某一天，他的儿子将在荣誉的战场上"成为像我一样的人"。然而，做完这个祈祷，赫克托尔就离开了妻儿，去面对他自己的命运，赌上自己的性命（这既是

---

[1] 安德洛玛刻，《荷马史诗》中的形象，赫克托尔之妻，底比斯国王厄提昂之女，温柔善良，勇敢聪敏，以钟爱丈夫著称。——译注

为了他自己的荣誉，也是为了他的国家）。他很清楚，这两种伦理要求间的微妙平衡马上就要被摧毁了。

在荷马描述的赫克托尔故事中，我们发现了伦理生活的张力和不一致，而这在古典悲剧作家冷酷的作品中得到了明确得多的表述。由荷马所表达的这种小心翼翼的平衡，在埃斯库罗斯（Aeschylus）的阿伽门农（Agamemnon）[1]那里表现为爆发出来的暴力和毁灭性冲突。当然，在也许是对这种关系最有名的表述中，在安提戈涅和克瑞翁各自的角色中，索福克勒斯描绘了家庭和城邦、亲属纽带和荣誉的对立要求。

作为悲剧的反面对应物，苏格拉底的护卫者共同体表达了一种克服这种对立的反悲剧性愿望。在他的理想城邦中，他转换并合并了通常与家庭和城邦相联系的语义场和伦理范围。通过对这些领域的哲学改造，他建构了一种似乎总有着幸福结局的有关秩序和团结的观点。

第四节　幸福结局和高尚谎言

正如我们在阿基里斯（Achilleus）那里已经看到的，通过质疑战士们传统的英雄精神，苏格拉底转变了对荣誉的旧有态度。护卫者必须学会抑制他们对血淋淋的战利品的兴奋。他们必须学会在对更高原则的坚守中捍卫自己的荣誉，而不是通过外部表现来捍卫荣誉。苏格拉底声称，通过对理智的精炼，他们对血腥战

---

[1] 希腊迈锡尼国王，希腊诸王之王，阿特柔斯之子。在《荷马史诗》所描述的特洛伊战争中，为希腊远征军的统帅。——译注

第一章 柏拉图《理想国》中的幸福结局与高尚谎言

争那种无法控制的欲望和激情就能够得到抑制。因此，通过对他们灵魂进行恰当的培育，苏格拉底似乎认定，战士们中那种显著的男性气质将会被重新评估。

当然，苏格拉底所质疑的，不仅仅是与男性相联系的传统价值。他更加激烈地攻击的，是与传统上那些被与妇女联系起来的特性。他告诉我们，不管性别如何，他的城邦中的护卫者永远不可以以任何方式仿效妇女："我们不应当允许他们去模仿女人——一个男子反去模仿女人，不管老少——与丈夫争吵，不敬鬼神，得意忘形；一旦遭遇不幸，便悲伤憔悴，终日哭泣声；更不必提模仿在病中、在恋爱中或在分娩中的女人了。"（395d-e）因此，按照上文所言，就像男性护卫者一样，妇女必须学会抵制对传统上与妇女相联系的那些特性的效仿。[1]

然而，如果他们未能经受住考验，去仿效了传统上由妇女所持有的那些价值，那么，苏格拉底的那种作为整体之共同体的和谐结构将会受到威胁。通过这样的仿效，他们将颠倒适当的统治秩序，并通过放纵的、非理性的方式使身体和情感在灵魂中"建立一个邪恶的政体"。（605c-e）就像苏格拉底描述为"过着妇女一样的生活"的僭主一样，这样的妇女将会毁灭国家。（579b-c）

为了反对仿效他指认给男女的那些特性，苏格拉底坚持认为，护卫者应该只按照自己的行为方式来行事，并且仅仅仿效符合自己性格的那些气质：

---

[1] 相似的观点，请参看 Froma Zeitlin's article, "Playing the 'Other,'" in *Representations* 11（Summer 1985）: 63-94。

> 假使我们要坚持我们最初的原则，一切护卫者放弃一切其他业务，专心致志于建立城邦的自由大业，集中精力，不干别的任何事情，那么他们就不应该参与或模仿别的任何事情。如果他们要模仿的话，应该从小起模仿与他们专业有正当关系的人物——模仿那些勇敢、节制、虔诚、自由的一类人物。凡与自由人的标准不符合的事情，就不应该去参与或巧于模仿。（395c-d）

当然，在这段话中，苏格拉底所指的"最初想法"，就是专业分工原则。

回忆一下，苏格拉底的原则并非建立在习俗（nomos）之上，而是建立在自然（physis）和美德（aretà）的根本联系之上：个人的美德或潜在美德，是依据他们的自然能力加以定义的。反过来，他们的自然能力则是依照他们是与别人做得同样好或者做得更好的事情来定义的。基于这些定义，苏格拉底声称，个人应当去展示那些最适合自己美德的功能与行为。通过诉诸作为一个人之决定性品格的本性，苏格拉底借此可以拒斥那些通常与两性相联系的属性，认为那纯粹是习俗性的看法。

然而，在《理想国》的第5卷里，在苏格拉底所说的"第一波嘲笑"中（由于他提议男女皆可被培养成护卫者，这一波嘲笑是注定要袭来的），专业分工原则本身被作为一种可能的批评而提了出来。考虑他将妇女包含进共同体的提议，苏格拉底在对待如下批评时就显得很是认真：基于专业分工的原则，妇女应该被排除在日常的教育系统之外。例如，在回应那种反对他的"荒谬"观念的主张时（该观念认为，男女在锻炼时应该赤身相见），他回答道：

> 既然（我认为）经验证明，让所有的这类事物赤裸裸的比遮遮掩掩的要好，又，眼睛看来可笑的事物在理性认为最善的事物面前往往会变得不可笑。那么，这也就说明了下述这种人的话乃是一派胡言：他们不认为邪恶是可笑的，倒认为别的都是可笑的；他们不去讽刺愚昧和邪恶，却将眼睛盯着别的现象加以讥讽；他们一本正经地努力建立某种别的美的标准，却不以善为美的标准。（452d - e）

在涉及所谓两性自然差异这个更大的问题时，苏格拉底继续宣称，并非每个人之间的明显差异都与他们在做好工作中所需的各种特性有关。在他看来，两性间的显著差异与他们的自然能力是无关的。事实上，他总结说，就她们的本性而言，妇女与男人并没有本质上的不同。（453b - c）

在论证生物性差异不应被认为与人类在工作中的卓越表现相关时，苏格拉底有可能是正确的。但是他的规划中的核心问题，在于他做出此论证时对专业分工原则的使用。正如亚里士多德指出的，通过依照一个人的自然本性（physis）来定义他的美德（aretà），苏格拉底把伦理生活中体现出的复杂功能，化约成了政治共同体的一种单一的、聚合性的图景，这个共同体是一个由简单而可疑的统一性原则联结起来的整体。当然，这个模型并非只体现了功能复杂性的明显丧失。亚里士多德的意思是，在建构他的观点时，苏格拉底从根本上消除了适合人类不同活动行为领域的价值的重要性。

然而，我们不应当草率地赞同亚里士多德自己的立场。毕竟，他之所以强调社会差别，是为了支持基于性别差异之上的权力等级制度（hierarchy of power）。就此而论，苏格拉底的立场或许显得更有道理：至少，妇女在他的等级体制里能够攀上高位。当然，对这种体制的回顾会表明，由于苏格拉底和亚里士多德都倡导结构性不平等的制度，他们肯定都可以受到责难。除此之外，对亚里士多德还可以开展进一步的批评，因为他支持"妇女的位置在家庭中"的说法。尽管如此，他的批评——苏格拉底的城邦建基于对与人类不同活动领域相联系之价值的消除——还是富有教益的。

例如，考虑一下苏格拉底是如何回应"第二波嘲笑浪潮"的。他没有论证两性守卫者都应当尊重传统上与亲属关系相联系的价值，而是声称这些联系应该被彻底消除。事实上，在他的优生模型（eugenic model）中，护卫者的血缘联系是要被抹去的。似乎是为了试图避免经历内部分裂（这种分裂是由家庭价值观对政治共同体和谐的挑战所造成的），苏格拉底设计了一种隐匿父母子女之间联系的体制。在如此建立的共同体中，每个人都将把所有其他人看作与作为整体的城邦维系在一起的。在这方面，他的理想城邦据说将成为一个幸福的大家庭。

在这个和谐的结构中，我们又一次目睹了苏格拉底之"真正悲剧"的意象：一出美好与高尚生活的戏剧，它能够消除我们分别赋予家庭与城邦的价值之间的差异。然而，正是通过把苏格拉

第一章　柏拉图《理想国》中的幸福结局与高尚谎言

底描述为一个想彻底清除这些差异的人，柏拉图似乎在反讽性地唤起对它们的注意。通过上溯至理念的领域，他使哲学家阐明了那些显然不存在于他自己理想叙事中的矛盾、对立和分裂。通过为苏格拉底的真正悲剧提供一个幸福的结局，柏拉图恰恰对苏格拉底似乎已经解决的冲突提出了质疑。与此同时，他似乎也对苏格拉底自己的理想愿景之真实性提出了质疑。

柏拉图对动物形象和笑话的使用，通常是服务于后面这个目标的。[1] 例如，在他的优生学模型中，苏格拉底不断地使用繁殖和畜牧的比喻。"如果两性行为方面或任何他们别的行为方面毫无秩序，杂乱无章，这在幸福的国家里是亵渎的"。苏格拉底告诉我们，"我们的治理者是决不能容许这样的"。（458e）通过表明由统治者安排的"神圣婚姻"对共同体是最有益的，他将护卫者间的结合比拟成了猎犬和纯种公鸡的繁殖。苏格拉底警告说，如果最好的成员在青壮年时没有互相结合，鸟、狗、马和所有其他动物中有价值的品种将会大大退化。通过如此明显地将婚姻的神圣性质与家养动物的繁殖并列，柏拉图似乎是在让人们注意暗含于苏格拉底建议中的非人性化。在这样的提议中所丧失掉的，是荷马所描绘的，存在于安德洛玛刻、赫克托尔和他们儿子之间的爱和温柔的脆弱联系。在剥去了护卫者们的衣服时，苏格拉底无疑把这些联系遮蔽起来了。然而，他的遮蔽物是如此的单薄和显眼，以至于任何一个雅典人都肯定会认为他的建议是可笑的。

---

[1] For a more detailed account, see Arlene Saxonhouse, "Comedy in *Callipolis*: Animal Imagery in the *Republic*," *American Political Science Review* 72（September 1978）: 888–901.

柏拉图除了使用动物比喻外，他还用笑话来质疑苏格拉底的理想。苏格拉底表明了在他的共同体中剔除"我的"和"非我的"之间差别的愿望。他声称，他的护卫者们应当被重组为一个整体，使得如果一个成员砍掉了他的手指，整个共同体都将一起大叫"哎哟"。这样的场面当然只属于喜剧舞台。显然，正是由于克服对自身疼痛之身体敏感的真实障碍是不可能的，苏格拉底对自己规划的赞扬将会受到质疑。严肃地通过城邦和其他成员的抽象关系来考虑自己，无疑会消除价值冲突的一个传统根源。但是，柏拉图颇为反讽性地表明，它同样会消除我们对自己的血肉之躯、特定家庭成员、朋友和城邦所感受到的不可削减、不可替代的价值。通过这种方式，柏拉图揭露了苏格拉底理想中太过于明显地隐藏起来的冲突根源。

第五节　柏拉图《理想国》中反讽的局限性

在他的如下宣言中，柏拉图对反讽的应用得到了最充分的体现：真正的悲剧总是有幸福的结局。事实上，他对苏格拉底之死的回忆似乎颇为反讽地提供了这样一个幸福的结局。通过他的死亡，苏格拉底据说已经获得了神圣的爱。事实上，他从狄奥托玛那里学到了，死亡和爱欲并非敌对和相反的力量，而是在不朽的领域中最终结合在一起的。回想一下狄奥托玛长篇大论中的最后词句："根据我们已经得出的看法，必然会得出结论说：我们追求的不仅是好的东西，而且是不朽的东西，爱所盼望的就是永远

第一章　柏拉图《理想国》中的幸福结局与高尚谎言

拥有好的东西。所以按照这个说法，爱也必然是奔赴不朽的。（《会饮篇》207a）柏拉图叙述说，在爱与死亡的融合中，在他自己精神的新生中，苏格拉底已经发现他毕生所准备的事务：朝着理念的神圣领域的上升。

柏拉图回忆中的反讽精神体现在如下这一点上：他用pharmakon这个词来描述苏格拉底生命终结前将要饮用的毒药。正如德里达所指出的，pharmakon既可以被翻译为"毒药"，也可以被翻译为"治疗"。[1] 通过在《斐多篇》的结尾提及医神阿斯克勒庇俄斯，苏格拉底强调了这一变化，把与死亡相联系的毒药形象转变成了以灵魂之不朽性为基础的神圣治疗。然而，柏拉图反讽地破坏了这种反悲剧性的描绘。苏格拉底向无脆弱性领域的垂直上升，似乎与那些被认为属于人类的联系脱了钩。与苏格拉底对稳定、纯正、真实的世界之追寻形成对照的是，柏拉图提醒我们说，我们生活在一个受自己的易损性、脆弱性和有限性所困的世界里。

此外，从政治层面而言，苏格拉底的言辞城邦本身就可被看作一种pharmakon。对苏格拉底来说，伯罗奔尼撒战争是一个残暴的导师。在静态的情况下，他明白了文明能够在兽性世界的所有残忍中维持自身。他见证了修昔底德所描述的"前所未有的放肆言行"，这既表现为"夺取政权时极端的独出心裁"，也表现为"付诸报复时的暴行"。修昔底德说，随着事态的变迁，词语的含义也发生了变化。"之前被描述为侵略的轻率行为转而被当作勇

---

[1] See Derrida's discussion in "La pharmacie de Platon," *Tel Quel* 32（Winter 1968），3 - 49.

敢","慎重和忍耐被视为懦夫的所为",而且"关于节制的任何想法都只是在试图掩饰自己雄风的缺乏"。[1] 随人类野蛮和这些词义的消失而来的,是分裂和毁灭城邦的内部冲突的幽灵。由于亲眼目睹了这些事件,苏格拉底遂为我们提供了治疗过去的残暴、无序和混乱的解毒剂。

作为一个反悲剧的艺术家,他想象了一个由神圣的模式来塑造的城邦,那种神圣的模式包括知识的真实性、语言的纯洁性与政治上的和谐。表面上,似乎没有比苏格拉底向神圣领域的上升更高尚的事了。他在那里寻求以语言明晰性的形式来治愈人类的野蛮。利用神圣的语言,他将人类含义的复杂性简化成了单义性。通过将我们的活动领域合并到基于专业分工原则建立的等级结构之中,他克服了政治生活的冲突。但是,通过规避兽性的世界,苏格拉底的药方却抽去了人类世界的独特性质和脆弱整合方式。

作为神与兽之间的人类,我们所失却的是自身立场上的丰富性、复杂性和不确定性。柏拉图自己认识到了这种损失,并由此而质疑了苏格拉底的治疗方法。他提醒我们说,如果真正的悲剧必然有着幸福的结局,这种幸福结局自身往往也不过是高尚的谎言。就像《会饮篇》中阿尔西比亚德(Alcibides)对爱的"喜剧性"论述损害了苏格拉底纯洁的愿景一样,柏拉图也使苏格拉底在《理想国》中的严肃提议变得问题重重。在这方面,幸福结局从未能使人安心。事实上,在柏拉图的艺

---

[1] Thucydides, *Peloponnesian War* (Cambridge, Mass.: Loeb Classical Library, 1912), bk. 3, ch. 82, lines 3–4.

第一章 柏拉图《理想国》中的幸福结局与高尚谎言

中,妥协、退让、怀疑、坦率的质疑,以及拒绝,似乎都是不可或缺的调料。就像被苏格拉底所驱逐的悲剧作家一样,通过阐明仍然隐藏于苏格拉底言辞城邦中的脆弱性、语言模糊性和伦理冲突,柏拉图对他的理想提出了质疑。通过喜剧,他同样质疑了苏格拉底对"幸福"和"永恒"的渴望:"那些知道如何通过艺术制作悲剧的人,同样也知道如何制作喜剧。"在描述苏格拉底反悲剧性的剧场时,柏拉图无疑有资格成为这样的艺术家。

通过反讽地运用喜剧和悲剧主题,柏拉图挫败和阻止了在言语上限定苏格拉底城邦的哲学封闭性。在这方面,尽管对智慧的哲学追求或许是引导我们路程的启明星,但由于它自身的本性,它却使我们踏上了一条永远无法到达目的地的旅程。通过不断地挑战它自身的封闭性,柏拉图的《理想国》成为一个无止境的对话,一个苏格拉底追寻美好和高尚生活的没有结局的故事。

但是,在柏拉图对反讽的使用中,还有着一个固有的最终悖论。由于反讽寄生于它所解构的东西,柏拉图越是试图突破苏格拉底城邦的语言界限,就越使我们返回到那熟悉的苏格拉底的愿景。通过建构他所解构的东西,柏拉图讽刺地肯定了他所否定的东西。事实上,由于反讽模式同时表达"是"与"否",由于它不断地重复自己所颠覆的事物,柏拉图的艺术就永远无法逃离苏格拉底理想城邦的语言。深陷这种无休无止的动态循环,柏拉图不断地重生苏格拉底的反悲剧观点,却只是为了一次又一次地在无尽的反讽戏剧中摧毁它。在这方面,柏拉图既讲述了又消解了苏格拉底所讲述的反悲剧故事。但是，他并未向我们提供一种逃离苏格拉底城邦的"不可判定性"的方式。在苏格拉底理想城邦的范围内（这个城邦反复地摇摆于药物和毒物之间），我们触到了柏拉图《理想国》中反讽的局限。[1]

---

[1] 在本书第5章和第7章里，我会更加充分地讨论这里归给《理想国》的反讽的应用之局限。

第二章

卢梭与自恋者的回音

让-雅克·卢梭,一个自诩为"自相矛盾的人",一位非议颇多的戏剧艺术批评家,却以剧作家的身份开启了他的事业生涯,这也是不足为奇的。[1] 卢梭的第一部作品名为《纳喀索斯》。这部剧是卢梭二十岁出头时在尚贝里写成的,但直至1753年他的歌剧作品《乡村卜者》(Le Devin du village)在枫丹白露宫为国王成功上演后才面世。《纳喀索斯》上演时并未宣布作者姓名,它在法兰西剧院演出两次后即平淡收场。众所周知,在《纳喀索斯》公演的幕间休息时,卢梭离开了剧院并且大声喊道,这个剧本的作者一定是个胡言乱语的傻瓜。[2]

由于受到了伏尔泰(Jean Francois Marie Arouet de Voltaire)的《冒失鬼》(Indiscret,1725)或许还有马里沃(Marivaux)的

---

[1] Jean-Jacques Rousseau, *Oeuvres Complètes*, ed. B. Gagnebin and M. Raymond (Paris: Gallimard, 1959 – 1969), iv 323. Cited in this chapter and throughout this work with volume and page number.

[2] 几乎在《纳喀索斯》谢幕后不久,卢梭就去找到了他的出版商。在他的自我推荐下,年底之前,《纳喀索斯》的两个版本就出现在巴黎了。对于这件事的详细描述,请参看 Maurice Cranston, *Jean-Jacques Rousseau*: *The Early Years* (London: Allen Lane, 1983), 287 – 288。

《小主子的调教》（Petit Maître corrige，1736）的启发，《纳喀索斯》是一部现代风尚喜剧，讲的是一个年轻小伙子瓦莱尔（Valäre）在结婚那天竟然爱上了他自己那幅被改扮成女相的肖像的故事。这幅肖像是瓦莱尔的姐姐绿仙妲（Lucinde）放在他房间里以告诫瓦莱尔不要过度自负的。然而事与愿违，瓦莱尔并没有意识到这一点，更没有意识到这幅肖像就是他自己的映像，他反而公开宣称直到找到这个肖像里的女人才结婚。瓦莱尔找遍整个巴黎去寻这位非凡的女子，显然，他的所作所为是徒劳的。最后，瓦莱尔的未婚妻安姬莉可（Angélique）强迫他在她和那幅肖像里的人之间做出选择。瓦莱尔最终选择了安姬莉可，也正是安姬莉可告诉了瓦莱尔其实他迷恋上的只是自己的映像。瓦莱尔最终认识到了自己那虚荣自负的缺点并与未婚妻安姬莉可喜结连理，而且他发誓将来"只有肖像里的人爱着另一个人，我才会爱他"。通过这种方式，卢梭告诉我们，尽管说什么都不爱也比爱上我们自己要好（"il vaux mieux n'aimer rein que d'etre amoureux de soi-meme"），但是只在自己爱着另一个人时才爱上自己则是更好的。在揭示和阐发了这样一个道理后，《纳喀索斯》以喜剧结局。

然而，通过对瓦莱尔这一人物的讽刺，《纳喀索斯》结局和谐的一幕却暗藏了卢梭建立在瓦莱尔的自爱（self-love）和自我疏离之间的荒谬关系所固有的矛盾。大略地说，这种自恋的自我投射之镜像效应使我们很容易想起那完美的自我参照恒真式：费希特（Fichte）式的"I = I"。作为一种自我存在形式，它是指可以在自我的"像"中即刻辨识出自我本身。然而，卢梭那里的自恋［就像奥维德（Ovid）诗中的自恋一样］却从不是一种自我呈现的即刻体验。因为卢梭相信，在自爱的体验里，始终存在着一个差别。这种差别出现在表现者与被表现物之间，观察者与被观察物之间，或者用比较现代的词语来说，就是"能指"（signifier）与"所指"（signified）[1]之间。这种差别容许了自我参照（self-reference）的中断。它营造了一个调和区，由此就把自我呈现的"像"转变为了一种自我扭曲的精确映象。因此，在《纳喀索斯》中，瓦莱尔的肖像并未在主观上被扭曲。相反，是瓦莱尔的自我扭曲被客观地描绘了出来。换句话说，作为瓦莱尔自爱之（外部）形象的肖像，是瓦莱尔的（内在）自我扭曲的映象。

在卢梭看来，这种扭曲是自爱（self-love）体验中所固有的。事实上，他把虚荣心或者说自爱定义为一种把自身界定为崇拜的对象的愿望。在这方面，一个人的身份与他那作为他人对象的地位不可分割地联系在了一起。然而，他自己那作为他人对象的身份却改变甚至是破坏了那简单的自我参照。这迫使他依赖于他人的认可来确认自我的身份并树立自尊（self-esteem）。吊诡的是，尽管瓦莱尔显然是以自我为中心的，我们却发现他不断试图取悦他人，以得到他们的仰慕，而这些仰慕反过来又被他用于助长自爱和自我崇拜（self-absorption）。

只要瓦莱尔是通过他人对他的认识来获得自我存在感的，他就永远处在自我之外。从空间的角度来看，瓦莱尔的自爱因此是

---

[1] 符号学理论之父索绪尔（Saussure）认为，语言是一种表达观念的符号系统，是一个由符号链所组成的抽象系统，每种符号都有两个层面上的意义，一是能指（Signifier，也译意符），指物体呈现出的符号形式；二是所指（Signified，也译意涵、符指），指物体潜藏在符号背后的意义，即思想观念、文化内涵、象征意义。符号学理论提倡用符号的观点来研究一切学科和现象。——译注

Culture 悲剧与拒绝：西方政治思想中的差异政治

一种自我疏离的形式。他被带出了自我之外，并且对于自己来说始终是一个陌生人。实际上，他是自己自我客观化的囚徒。从时间的角度来说，卢梭把这一相同的过程描述为自我遗忘（self-objectification）的过程。个体不能回忆起自己，而这是由于他将自己界定为了他人意识的对象。通过这种方式，卢梭建立起了自爱和自我疏离及遗忘之间的联系。

在《纳喀索斯》中，瓦莱尔的自我疏离和遗忘是通过一种与自然秩序相悖的形式——瓦莱尔形象的女性化——表现出来的。事实上，卢梭是通过"他的纤娇，他的妩媚玲珑，一介女子潜藏在他那男人的外型下"这样的描写来清晰地刻画出瓦莱尔的形象的。在卢梭看来，瓦莱尔是自我掩饰和神秘化的牺牲品。他以无法反映他内在本质的女性特征来界定自己。然而，只有通过女人（安姬莉可和绿仙妲），他才得以克服了他的自我疏离。就此而言，《纳喀索斯》中女人的作用，似乎就是为瓦莱尔认识自己的男人身份创造条件。随着这种意识的苏醒，瓦莱尔终于肩负起了他应当承担的责任和婚姻的义务。

卢梭为之辩护的，并非性别上的自我沉迷，而是某种性别间的相互依赖。但是，我们不应该太过草率地为卢梭对这种相互依赖的信奉而欢呼。[1] 虽然瓦莱尔的自我认知依赖于女性的教诲，但在卢梭的世界里，妇女本身几乎没有时机去塑造她们自己的行为。女人们充其量是道德的老师，但她们很少是道德的行为者。

---

[1] Cf. Joel Schwartz, *The Sexual Politics of Jean-Jacques Rousseau* (Chicago: University of Chicago Press, 1984). See my review of Schwartz's work in *Political Theory* 15 (February 1987): 138–141.

第二章 卢梭与自恋者的回音

由于女人激起男人的欲望并且建立了爱情关系,所以男人对女人产生了依赖。通过这种方式,女人利用了男人最为"可怕和危险"的激情去俘虏并控制了男人的心。(iii 157)但是,卢梭坚持认为,女人应该富有教育性地去使用她们的性权力。也就是说,只有当女人用她们那"火热的魅力"去"约束男人对力量的展现"时,她们才是应该统治男人的。卢梭相信,通过这一过程,男人会驱除他们的自我幻觉,并学会在他们的行为中表现出真正的自我。简而言之,他们学会了在世界中反映自己内在意志的外在化。

我们由此发现,在《纳喀索斯》中的绿仙妲和安姬莉可运用了女性的魅力和谦逊品格,迫使瓦莱尔面对并最终克服了对自我形象的错误认识。在这方面,《纳喀索斯》是一部颇具教育意义的戏剧。然而,它的教育意义不局限于其性别主题或叙事结构。相反,正如卢梭在序言中指出的,他意图去反映出观看这幕戏剧的巴黎民众们的虚荣。[1] 除此之外,《纳喀索斯》的主角与卢梭对社会疏离的描绘联系了起来,因为瓦莱尔模仿了这个角色所固有的疏离,而扮演这个角色的演员又反过来表现出了观众们的虚荣,这些观众最终则集体地反映了社会经验的疏离。因此,卢梭把剧场本身就描绘为那个时代虚荣和疏离的反映。事实上,他把他的社会描绘成一种剧院,在其中,所有的人都扮演了异化的角色,并使自己成为别人眼中崇拜的对象。用他的话来说:"剧场艺术只是为这些人才建立起来的。他们由舞台中央的虚构角色所代表,在

---

[1] See Benjamin Barber and Janis Forman, "Preface to Narcisse," *Political Theory* 6 (November 1978): 537–554.

生活中则扮演了真实存在的角色。他们既是台上剧中的人物,同时也是台下的演员。"[1] 通过这样的镜像效应,卢梭的剧场现象学为自我疏离的社会经验提供了一种戏剧形式的批评。

第一节　剧场现象学

在一些重要的方面,卢梭深受他对柏拉图《理想国》[2] 中艺术批评之解读的影响。例如,与苏格拉底一样,对于那些使灵魂激动并"玷污想象"的强烈情感,卢梭反对在戏剧中对之加以模仿。"理性是唯一可以净化它们的工具",他告诉我们说,"而在戏院里,理性是没有用武之地的。"(PA 21)除了支持苏格拉底对激情反悲剧性展现外,卢梭还明确地把自我疏离与《理想国》第10卷中对模仿诗艺的批评联结了起来。通过把苏格拉底对距离的比喻重铸为对疏离的描绘,卢梭由此而宣称说,"我们之中'模仿'的基础源自一种欲望,即总是要把我们拉到自我之外的那种欲望"。(iii 360)在卢梭看来,这一过程导致的自我疏离描绘出了戏剧演员的现象学。"演员的才能是什么?"卢梭在《致达朗贝尔的信》中问道:

>　那是一种自我伪装的艺术(他回答说),一种扮演自身

---

[1] Rousseau, *Julie: ou La Nouvelle Héloïse* (Paris: Garnier, 1967), 252 [Cited in this chapter as Julie].

[2] See Rousseau's early interpretation of Plato's artistic criticism in "De l'imitation théâtrale," in *Oeuvres* (Paris: Armand-AubrÇe, 1832), tome 2, 2–20. Rather than being merely three removes from the kingdom of truth, Rousseau claims, mimetic art lies four removes from this kingdom.

第二章 卢梭与自恋者的回音

之外角色的艺术，一种显得与自己不同的艺术，一种冷淡地变得癫狂的艺术，一种自然地说一些内心并不认同却假装认同的话的艺术，最后，一种通过扮演他人身份而忘却自己身份的艺术。[1]

就像柏拉图在《伊安篇》中所描述的苏格拉底的抨击一样，卢梭论证说，驱使自己适应另一个人的外部特征，并模仿某个角色的外部姿态和外表，这就意味着背离自己，意味着背离内在的自我。因此，这种模仿是通过自我遗忘而实现的。然而，如果演员完全沉浸在他（她）的角色之中，模仿就不局限于对所扮演角色的外表演绎上，相反，演员的才艺是通过自我掩饰而得以表现的。在这方面，随着自我的灭绝与丧失，演员经历了对"异己"外表的模仿。换句话说，演员不仅仅在表演他人的姿态。相反，他们的表达都是一种内在意志的展现，但这种意志又不是演员自己的意志。根据这种自我遗忘的现象学，模仿由此就以自我疏离的方式实现了自己。[2] 正如卢梭所说："一个舞台上的演员，展现着他人的情感，说着已经被设计好的台词，常常代表着一个虚构的存在，使原来的自我逐渐消亡，并迷失在了他的角色之中。"（*PA* 81）

卢梭宣称，正如演员通过他（她）的自我掩饰而经历了一

---

[1] Rousseau, *Lettre à M. d'Alembert*, in *Politics and the Arts*, trans. Allan Bloom (Ithaca, N. Y.: Cornell University Press, 1960), 79. Throughout the text, this translation will be referred to as *PA*.

[2] See Hans-Georg Gadamer, *Dialogue and Dialectic: Eight Hermeneutical Studies on Plato*, trans. P. C. Smith (New Haven: Yale University Press, 1980), ch. 3 (passim).

种自我疏离，观众们也同样在观看表演中迷失了自我。也就是说，甚至是那些仅仅观看这种模仿而并没有参与表演的观众们，也对演出的内容感同身受。那么这也就是说，观众间接（vicariously）体验了他们所见到的他者（other），而把真正的自己忘得一干二净了。因此，不同于亚里士多德对同情心的关注（因为观众经此才间接接触到了与自己类似的他人的伤痛），卢梭论证说，这种对他人不幸的同情最终会导致观众彻底的自我分离，以及在对他者的体验中丧失自我。

但是，与亚里士多德一样，卢梭经常赞许他所说的"同情的内推力"：它能将我们拉到自我之外，使我们将自己等同于遭受痛苦的他人。（iii 126）但是，正如亚里士多德所知，为了感受这种同情，我们不仅必须被他者的痛苦所感动，而且还必须使我们自己经历到他者的焦虑。这也就是说，只有当认识到了自己与他人的共同之处时，同情心才有可能产生。然而，对于卢梭而言，在戏剧表现的同情心中所丢失的，恰恰就是这种联系。事实上，卢梭认为，因为观众自身缺乏对他者之痛苦的记忆，他们的同情仅仅是一种"稍纵即逝的、空虚的情感，而这种情感还没有使之产生的错觉持续的时间长"。（*PA* 25）通过这种方式，卢梭追溯了他所认为的柏拉图对作为幻象之戏剧模仿的本体论描述，并宣称，观众在角色中迷失了自我，却不必害怕同样经历所被描绘的痛苦。尽管戏剧能够使我们的情感喷涌至高峰，却永远不能让我们感觉到真正的同情。用卢梭的话来说：

如果心灵更愿意让虚假而非真实的疾病来触动自己，

第二章　卢梭与自恋者的回音

如果戏剧模仿比被模仿对象本身的出现更能博得眼泪，那么，与其说这是由于情感太弱，没有达到让人痛苦的程度，还不如说是由于它们真实纯粹、没有混杂进对我们自己的关切和忧虑。通过把我们的眼泪奉献给杜撰的作品，我们已经满足了人性要求的全部权利，而不需要再贡献出我们其他的任何东西了。然而，不幸的人们本身却还是需要我们的注意，需要救济、慰藉和工作。这些本来需要我们对他人的痛苦有所感触，而且至少需要我们改变自己的懒惰习性，可我们现在却心安理得地摆脱了这些要求。可以说，因为害怕受到触动后所需付出的代价，我们就关上了心灵之窗。（PA 25）

对卢梭来说，在剧场中所感受到的强烈感情，吊诡地使我们远离了对共同人性的关注。他相信，在这方面，正是通过激起我们的激情，"剧场中所上演的一切没有离我们越来越近，反而离我们渐行渐远。"（PA 25）事实上，在他看来，戏剧把我们与同类孤立了开来："人们认为他们一起欢聚在剧场里了，但他们恰恰是在这里才彼此孤立了起来。正是在这个地方，他们忘掉了自己的朋友、邻居和人际关系，只是为了使自己关注虚构的故事，使自己为了剧中死者的悲惨命运而痛哭流涕，或是以对生者的忽视为代价而大声欢笑。"（PA 16）

最后，卢梭论证说，演员和观众都经历了剧场带来的自我疏离。他们都被困在了充满镜像的大厅之中，然而这些镜像却无法反映出他们内心的意志。他们也都体验了由自我遗忘所带给他们的虚幻快乐，而这种自我遗忘恰恰折射出了他们的疏离。在这种情况下，这些镜像就是最为拘束的牢房。当我们注视其中一个镜像时，我们会看到我们被自己的意象困得牢牢的。在那里，我们是孤独的，却还在继续与自己相疏离。如果像剧场那样增加镜像的数目，你就会制造出一头怪兽，一个世界，在那个世界里，奔向自己的映象的人，总是在逃离他自身。这样的人就像瓦莱尔一样，是一个关于社会体验的剧场艺术的标志性人物。[1]

第二节　爱与疏离的政治

在《论人类不平等的起源与基础》（以下简称《论不平等》）中，根据"自然的"同情心和"自然的"自爱（Amour de soi）这两个已经遗失了的理想，卢梭重新建构了历史。在这方面，他试图去回忆起那些由于疏离的自我遗忘而丧失的东西。事实上，通过反思奥古斯丁《忏悔录》的精神，卢梭把《论不平等》建立在了如下悖论之上：去发现人们没能回忆起来也不能回忆起来的事物。[2] 但是，奥古斯丁的个人探索历程揭示出的新发现是：人只有在找回失去之物时，才能意识到曾经失去此物；而卢梭的分

---

[1] For a similar account of the mirror imagery in Rousseau see J. Starobinski, *L'Oeil vivant* (Paris: Gallimard, 1961), 93 – 188. See also: Walter Kerr, *Tragedy and Comedy* (London: Bodley Head, 1967), 263 – 309.

[2] St. Augustine, Confessions, x. vi. For a development of this theme, see John Freccero, "Autobiography and Narrative," in *Reconstructing Individualism*, ed. David Wellbery et. al., (Stanford: Stanford University Press, 1986), 16 – 30. See also Paul de Man, "The Rhetoric of Temporality," in *Interpretation: Theory and Practice*, ed., Charles S. Singleton (Baltimore: Johns Hopkins University Press, 1969), 173 – 207.

析结构较之奥古斯丁来说却相当复杂，因为《论不平等》中回忆起来的自然图景"从未真正存在过"，即使在人类堕落前的历史中，也找不到它的影子。在这方面，他对自然状态的描绘根本不是一个有关自我之纯真展现的"朴素"构想。[1] 相反，它是一个虚构的景象，是被有意建构为人类腐化的反面形象的。换句话说，卢梭并没有从未被干涉的自然视角诊断出人类社会的疾病。相反，在他的自然概念中，他为自己对人类腐化的诊断提供了一个虚构的对应。在这方面，正如我们将会看到的，对卢梭来说，同情心是爱慕这种激情的"天然"对应物，而自爱则是人类虚荣这一社会弊病的有益对应物。

在剧场体验中丧失的同情心，在卢梭的自然状态中被找了回来。在自然状态里，同情心被看作"唯一的自然美德"（iii 154）。由于它存在于人类的一切反思之前，它就与建立在比较、偏爱、差异和特殊性上的对象没有联系。事实上，同情心是这样的一种普遍情感：它衍生于我们的自爱，并扩展到与我们类似的人身上。卢梭论证说，出于这个原因，人性本身的美德不过就是"普遍应用于全人类的同情心"。对这种同情心，"即使是我们在自己的剧场里天天看到的最腐化的道德，也很难将其摧毁"。（iii 155）

然而，有一个因素具备破坏天生同情心的能力。在卢梭看来，威胁到同情心的，既不是死亡也不是侵略精神，而是那"对人来说致命的冲动激情"——爱情：

48

---

[1] See Friedrich Nietzsche's remark concerning Schiller's conception of the "naive artist" in relation to Rousseau in *Die Geburt der Tragödie aus dem Geiste der Musik* in *Nietzsche Werke*, ed. Giorgio Colli and Mazzino Montinari（Berlin: Walter de Gruyter, 1972）.

Culture 悲剧与拒绝：西方政治思想中的差异政治

> 在所有搅乱人心的激情中，有一种既热烈又冲动的激情，使得两性之间彼此需要；那是一种可怕的激情，能使人勇敢面对危险，克服一切险阻；它所带来的东西，似乎是有意要摧毁人类，实际上却是注定要保存这个物种的。面对这残忍的、无边无际的狂热，人类需要做什么呢？（iii 157）

按照卢梭的说法，爱慕的激情是天然同情心的相对之物。与后者不同的是，爱情被"专门地钉在了单一的欲望对象"之上。（iii 157f）当我们仅仅喜爱这个"所偏爱的对象"时，那种被卢梭与爱情联系在一起的邪恶，就会以决心、比较和偏爱（也就是说，差异）的熟悉形式而出现。正如他所说：

> 人们开始习惯于去考察不同的对象，并把它们加以比较；不知不觉的，他们就获得了产生偏爱情感的想法。一种温柔文雅的情感悄然潜入了灵魂，不费什么力气便招致了鲁莽的狂怒。嫉妒随爱一起苏醒；伴着刺耳的欢呼雀跃，最为文雅的激情也收获了人类鲜血的献祭。（iii 169）

在卢梭看来，女人具有利用男人的爱的能力。借助其天生的谦逊，她们比男人有更强的能力来控制自己的激情。（iv 694）通过抵制男人的爱慕之情，她们自觉地制造出许多困难让男人去克服。然而，通过克服女人制造出来的重重险阻，男人就变得越来越依赖于女人："爱情是女人的地盘。在其中进行立法的必然是她们，因为根据自然秩序，抵制是属于女人的，男人则只有以自

由为代价才能克服那些抵制。"（PA 46）

正如德里达所说，爱情是一种"女性气质的战略，是女性面对自然的武器"。[1] 由此，爱情作为一种产生于社会的人为情感，便会帮助女人建立起她们的统治，并确保男人的服从。用卢梭的话来说："爱是一种人为的情感。它为社会而产生，并由女人们的丰富技巧和关心所佑护，其目的是为了建立她们的统治，并支配那理应臣服的男性。"（iii 158）

卢梭在《爱弥儿》中告诉我们说，自然让"女人去取悦并屈从于男人"。（iv 693）然而，正如黑格尔的主奴辩证法一样，他宣称爱颠倒了两性的权力。他认为，通过运用爱的诡计，"强势的一方只在表面上是主人，实际上却是依赖于弱势一方的"。（iv 695f）

卢梭经常把女人在现代社会中的权力与剧场的权力联系在一起。他相信，这两者都涉及制造幻觉、抛出魔咒以及"迷住"男人。考虑到这种联系：

> 剧场的一种自然的作用，就是延伸了女性的统治范围，使得女人和姑娘们成为公众的指导者，并赋予她们像控制爱人一样的权力去控制观众。"先生，您是否认为这种秩序是不会面临问题的？您是否认为，在男人花了如此多的力气去提升女性的地位后，他们会因此成为更好的臣民吗？"（PA 46）

---

[1] Jacques Derrida, *De la grammatologie* (Paris: Editions de Minuit, 1967), 250.

卢梭主张，女人不但没有把男人管理得很好，反而使他们女性化了。在这方面，他把男人的女性化归咎于了现代社会中流行的性别权力倒置现象。

在《论不平等》中，卢梭不仅追溯了由爱的转换性体验所产生的腐化，而且还记录了爱以其自我反思（self-reflexive）之形式所表现的腐化。正如他把同情心预设成一种爱慕之情的虚构对应物一样，卢梭把"天然"的自爱描述为人类虚荣之未被腐化的对应物。这样的话，我们对如下情形就不应该感到惊讶：卢梭把虚荣的发展与剧场特性的"远古"起源联系到了一起。他告诉我们说：

> 随着社会交往变得越发频繁，人们开始愈发习惯于集合在小木屋前或围在大树周围。唱歌跳舞变成了娱乐项目，或者不如说，它们成了男女闲时聚会的消遣。每个人开始关注其他人，并希望得到他人的关注。于是，公共尊严就具有了价值。最优美的歌者和舞者，最英俊的人，最强壮的人，最敏捷灵巧的人，或者是最善于雄辩的人就会得到最高的赞誉和敬重。这就是通往不平等的第一步，同时也是通往罪恶的第一步。从这些最初的偏爱之中，产生了虚荣和嫉妒，而由那些新的发酵剂最终所产生的结果，则酿造了对幸福和纯真来说致命的化合物。（iii 169f）

卢梭论证说，就像激情之爱一样，虚荣只有随着社会的发展才得以出现。"它是一种相对的、虚幻的感觉。它虽然仅仅出现在社会当中，却使得个人更加注重自己而不是任何其他人，并且带来了所有那些人类施于彼此身上的罪恶"。（iii 219）在《论不平等》中，卢梭把虚荣或者说自尊（amour propre）与自爱（amour de soi）区分开来。[1] 根据他的分析，自爱是人的自我概念的一种属性，而这种人属于自然状态中的前社会存在者。卢梭写道，由于这样的"自然人""把他看成自己的唯一观众，宇宙中唯一对他感兴趣的存在者，他自己功德的唯一判断者，于是，没有任何源于比较的情感能在他的灵魂中扎下根来"。（iii 219）

但这个"社会人"并没有显示出自爱的自然倾向。他不是他自己的唯一判断者，相反却"总是脱离他自己，只知道如何在他人的看法下生存。可以这么说，他那自我存在的感受仅仅来自他人的评判"。（iii 193）因此，个人在社会中的身份取决于他人：别人对他的评价决定了他对自己的评价。所以，他的社会地位是相对的，而且他的自尊取决于他那种相对的地位。[2] 通过这种方式，卢梭关于自尊的分析与自我客体化的过程联结了起来。作为自尊的条件，社会中的自我承认是建立在个人的地位上的，而这

---

[1] 卢梭的 amour de soi 可直译为"自爱"，指自然状态下人最基本的动机，即生命的自我保存，正如原始人"心无旁骛的自然的自爱"，而 amour propre 从字面意思看也是一种自爱，但与 amour de soi 有所不同，是指现代人"以为自己卓越不朽的自爱"，为了有所区别，本书将 amour propre 译为"自尊"。卢梭曾对这两种情感进行区分，在他看来，不能把自尊和自爱混为一谈，这两种情感在性质和效果上是完全不同的：自爱是一种自然的情感，它使各种动物都注意保护自己，就人类来说，通过理性的引导和怜悯心的节制，自爱能产生仁慈和美德，而自尊是一种相对的情感，它是人为的和在社会中产生的，它使每个人都把自己看得比他人更重，它是虚荣的真正源泉。在卢梭眼中，现代人的本质特征就是他所说的"社会上创造出来的自尊"，并被这种情感所占据。——译注

[2] See John Charvet's discussion of *amour propre* in his essay, "Individual Identity and Social Consciousness in Rousseau's Philosophy," in *Hobbes and Rousseau*, ed. Maurice Cranston and R. S. Peters (New York: Anchor Books, 1972), 462–484.

种地位则是他人的意识对象。

囚禁于这个意识牢房的人类,总是脱离他们自己,并逐渐变成了对自己来说的陌生人。自恋因此就反映了他们的自我疏离。卢梭论证说,独特的疏离能力的最终基础,是人类的自由精神及自我完善的能力。事实上,使人类区别于其他物种的,就是他们那种将自己与自然疏离的能力。与其他的动物不同(它们仅仅受自然力量所迫),人类能够打破自我封闭的自然独立界限,并摧毁自爱的本能冲动。在这方面,人类自由似乎是一种能够反抗(事实上应该说是破坏)自然本能的意志行为。与这种意志相对抗的本能力量,构成了对人类可完善性的一种永存的障碍和限制。正是凭借这种本能力量,人性才得以克服自身。可通过意志行为对这种限制所进行的超越,揭示卢梭所说的"人类灵魂的精神性(spirituality)":

> 大自然操控着所有动物,而它们无不服从。人类也被这相同的力量所驱使,但他意识到了,在默默接受与抵制反抗之间,他是可以自由选择的。对这种自由的意识,正是其灵魂的精神性揭示自身的最主要原因,因为意志的力量(或者不如说选择的力量)是一种纯粹的精神活动。(iii 141f)

因此,人类自由的精神活动就表达了人性的"无限性",即人类意志的无边力量。[1] 然而,这种"意愿的能力"(power to

---

[1] 见黑格尔对作为"规定性的"无限和作为"无规定性的"无限的区别, in *Wissenschaft der Logik in Sämtliche Werke*, ed. Georg Lasson (Leipzig: Felix Meiner, 1928), Band 3, 132–140。

will）和权力意志（will to power）几乎无法区分，因为灵魂的精神性意味着，对于人类力量的障碍和边界来说，它们所代表的限制必然要被超越。[1]

作为人类意欲改变的意志，自由将被规定的、自我封闭的行为（这种行为是前反思状态下的人性的标志）转变为了开放性的结构。通过这种方式，随着想象的发展，人类感知的视野也无限地扩展了。人性虽已不再受制于必然性和自然的简单冲动，却被困在了辩证的和无法满足的激情之中，以及对知识的无休止探索之中。（iii 143）作为这种向非决定性、不确定性和无限性转变的一个效果，人性的核心认同就被剥夺了。事实上，除非通过"死亡和对它的恐惧"，激情、知识和想象的不断扩张是不会停下脚步的。（iii 143）

对卢梭来说，对我们行为的自我创造的意识，把我们扔进了"时间王国"里。用乔治·普莱（GeorgePoulet）的话说：

> 人类不再生活在某种绝对之中，不再受限于纯粹的感觉，不再与自然等同，不再仅凭其现实的存在感来印证自己。除了现在以外，未来和过去都已成形，并引来了比较和偏心。这就是相对的王国，时间的王国。[2]

一旦成为时间王国里的主体，人类将会带着对死亡的恐惧而

---

[1] See Paul de Man, *Allegories of Reading* (New Haven: Yale University Press, 1979), 139–144.

[2] Georges Poulet, *Studies in Human Time*, trans. Elliott Coleman (Baltimore: Johns Hopkins University Press, 1956), 162.

面对未来。他可以回顾过去，以寻找对"自然人"的那种失却的即时性的回忆。那种"自然人"生活在"一种毫不关心事件的状态里，一种当前即永远的状态里"。（Julie 232）总的来说，自由意识所揭示的人类灵魂的趋完美性和精神性，并没有把人引向道德进步，而是引向了对未来的恐惧，对无法满足的激情的渴望，以及对我们自己本能力量的扭曲和超越。

带着它那想通过意志把世界揽入囊中的浮士德式的（Faustian）一面，这种自由观显然为卢梭的政治共同体带来了巨大的困难。为了给这种无限制的自由划定边界，人类必须自行建构他们行为的范围界线。通过这种方式，共同体的道德自由就总是同时意味着自我奴役和解放。在卢梭看来，如果想要合法约束人类意志之向心力的扩张，就只能通过一种以自我控制之名来加以神圣化的意志行为。因此，在《社会契约论》中，卢梭声称，"惟有道德自由才真正使人成为自己的主人，因为仅仅受欲望驱使，就是奴役，而服从为自己制定的法律，才是自由"。（iii 365）在给出这个定义后，他论证说，作为公民，每个个体都必须直接参与法律制定；而作为国家的臣民，每个个体都必须服从以这种方式制定的法律。因此，作为国家的臣民，我们要服从我们作为公民而颁布给自己的法律。

从卢梭的视角来看，为实现道德自由而必须对人类意志施加的约束，所要求的只不过是一种"转变之体验"。道德自由并不允许人们认同自己作为有自我定义能力者的独立地位，而是要求每个个体都"把他自己和他的权力让渡给作为整体的共同体"。（iii 360）与自然状态中人类独立的完全自我化的存在不同，在国家的"实存的共同体"中，每个公民都必须从他与社会整体的关系中汲取出自己的存在及身份。卢梭由此而用数学语言比喻说："自然人是完全属于他自己的。他是单一的数值单位，他的全部只与自己相关。然而，公民却只是一个依赖于分母的分数单位，他的价值只是与整体即政治体相对而言的。"（iv 249）

显然，卢梭对公民的理解受到了古人的启发。他宣称："一个罗马公民既不是盖乌斯也不是卢修斯，而只是一个罗马人。"（iv 36）他虽然接受了亚里士多德政治学的基本特征，却似乎拒绝了亚氏的人性观，为的是在人工的基础上重建这种人性观。对卢梭来说，个体必须被"去自然化"，必须将他的灵魂让渡给政治体。只有这样，他才能作为一个公民而存在。而卢梭相信，只有从公民那里，才能引出"公共利益"这个神圣的名字。孤立的公民什么都不是。他是从自己在共同生活的成员资格中获得其力量的。总的来说，他必须为法律而牺牲自己的天性，并为了政治体的神圣权利而摒弃他的自然情感。因此，与自然人（他的自我认识既不受与他人关系的影响，也不受他人对自己看法的影响）不同，公民把他自己视为构成共同体的一个部分：他的身份是由国家的特征决定的，而他则是国家的一部分。

尽管卢梭无疑意识到，为了将个人转化为公民，他们将会丧失其自然独立，然而，他仍然相信说，对公民本体论意义上的身份的限定，将会使国家免于自尊的毁灭性影响。事实上，卢梭相信，通过将个体身份消融于作为整体的共同体，他可以消除个性和差异的价值，而驱使人们将自己与他人进行比较的，正是这些个性和差异。这种贬值虽然阻止不了自尊在国家中的出现，但它可以弱化由个性、差异和私利所激发的冲突。一个公民的个人抱负将被引导向具有更大优先性的普遍利益。因此，一个人不会把他人的成就视为个人的失败：社会功绩的零和游戏是不存在的。相反，一切成就都将被作为礼物而赞美，而这礼物则是献给作为整体的国家的。

第三节 自恋政治学

在卢梭看来，作为自我控制的自由的存在，由于有着随之而来的建立在共同体基础上的人类身份概念，将会解决个人与现代社会联系在一起的自我疏离问题。然而，只有通过建构一种"政治自恋"（politics of narcissism），个人的公民共同体观念才能把这个问题打发掉。在卢梭的公民共同体中，通过决定法律，每个公民都体验到了内在意志的外在化，而意志是他自身在这个世界上的映象。无疑，在这种情况下，正如卢梭所说，"提请某项法规的第一个人，只是在宣布每一个人都已经感觉到了的东西"（iii 437），因为，在他的国家中，一个人只会在共同体的意志里才能找到自己。事实上，卢梭把公意（la volonte generale）定义为作为整体的共同体的意志。每个公民都通过决定国家的法律而表达出了这一意志。但是，卢梭论证说，在决定公意时，每个公民必须只去考虑他自己的想法。在这种意义上，法律就是每个公民内在意志的客观表达。通过以这种方式表达他们的意志，公民便由此而建立了他们的确定地位。用一个更加现代的表达方式来说，他们在卢梭的世界里找到了自己的家。

第二章 卢梭与自恋者的回音

然而，正如卢梭所清楚地认识到的，总是会存在某种强大的压迫性的张力，并持续不断地扰乱他的愿景。这种张力的根源就是自尊，因为它驱使着人类意志转向对个性和差别的追求。为了把政治体从这种压抑性的能量中解放出来，卢梭提出了各种制度，包括公共节庆。通过重新确认社会化的情感，节庆有助于保持伦理习惯和国家原则。正如米哈伊尔·巴赫金（Mikhail Bakhtin）所解释的那样，与剧场相反，节庆：

> 绝不是一种纯粹的艺术形式，也不是某种景观，而且总的来说不属于艺术领域。它属于艺术与生活之间的边界地带。在现实中，它就是生活本身，只不过是根据一定的戏剧模式而被塑造的生活。它也不是让人们去观看的景观；人们就生活在节庆当中，而且每个人都参与其中，因为节庆这个概念本身就包含了所有的人。它具有一种普世的精神，是整个世界的特殊状态，是世界复兴与革新的特殊状态，所有人都将参与其中。[1]

本着类似的精神，卢梭宣称，在公共节庆中，不存在导致内心分裂与冲突的观众与景观之间的分离。出于这一原因，卢梭呼吁道："让观众变成自己的娱乐对象吧；让他们自己成为演员吧；如果能这样做的话，每一个人就都将在他人那里看到自己并热爱自己，于是所有的人就能够更好地团结在一起了。"（*PA* 45）与采取政治行动时一样，在直接参与到这些节庆中时，公民就"只

---

[1] Mikhail Bakhtin, *Rabelais and His World*, trans. Helene Iswolsky (Cambridge, Mass: MIT Press, 1965), 7.

代表了他自己，只扮演了自己的角色，只以他自己的名义讲话"。（*PA* 87）卢梭宣称，在没有自我掩藏的情况下，这样的公民将不会体验到剧场现象学中固有的自我迷失。相反，在公共节庆中，"每个人都生活在最深的亲切感中，每个人都是平等的，并且谁都不会忘记自己"。（Julie 459）因此，卢梭论证说，公共节庆本身就变成了一种集体自我回忆的仪式化形式。通过他们的参与，公民们回想起了自己对社会和谐的信仰。这些仪式通常以婚庆典礼的形式表现出来。这是一种两性差异的和谐与安顿，并且有助于支持国家的集体意志。

为了保护集体意志的纯洁性，女人就要扮演她们的"恰当角色"——道德教化者。事实上，正如卢梭在《爱弥儿》中强调要女人去为她们孩子的灵魂筑起一道围墙一样，在他的政治著作中，他宣布说女人必须要去保护公民，使他们不要放弃自己的美德和身份。然而矛盾的是，他还坚持说，女人必须把男人的爱欲情感引向家庭之外，使男人可以更坚定地让自己依附于乡土和祖国。这种从阴柔情感到阳刚情感的爱欲升华，就是卢梭认为斯巴达妇女所教导给城邦男人的功课。事实上，卢梭就是通过下面这个故事来表达这一教育原则的：一个斯巴达妇女有五个儿子在军中服役。她正翘首期盼着来自战场的消息。一个奴隶回来了，浑身打战。这个妇女向他询问战争的消息。"您的五个儿子都战死了"，奴隶回答说。"卑贱的奴隶啊，我问的是那件事么？""我们获得了胜利。"这位母亲便冲到神庙，拜谢诸神的庇佑。卢梭宣布说，"这才是真正的女性公民！"（iv 249）

通过男人对女人的热切依赖，女人就有能力使男人变得女性化或更加男性化。卢梭宣称说，在社会腐化的情况下，"女人由于没有能力把自己变成男人，于是就把我们变成了女人"。（*PA* 100f）然而，如我们刚刚在那位斯巴达母亲的例子里所见到的，女人也可以强化国家的阳刚价值观。通过这种方式，女人在卢梭的公民共同体中使男人更加阳刚。（iv 699f）通过约束男人去承认并将自己认同于男性气概与国家，卢梭的"女性公民"响应了《纳喀索斯》中绿仙姐和安姬莉可对瓦莱尔的教导。通过这种方式，卢梭似乎建构了一套社会组织形式。尽管这种组织的基础是对女性的厌恶，但是它克服了男人的自我疏离。在男人对公民共同体的爱欲依附中，他不是把自己界定为他人意识的对象，而是"使自己融入共同的整体之中，这样每个公民就都不再存有整体之外的感觉了"。（iv 249）通过将他的身份以这种方式融为社会整体的一部分，公民将其意志外化为公意，从而似乎解决了卢梭在他的第一部著作里考察过的自我疏离问题。

然而最终，尽管卢梭也许成功地解决了他在《纳喀索斯》中提出的问题，他的政治理论中仍旧回响着一个更为深刻的自恋问题。依我揣度，卢梭建构了一个政治共同体的如下愿景：犹如在一圈镜子之中，每个公民在所有人的眼中都只会看到自己的形象一样，这些公民在公意中只会辨识出自己的内在意志，而由此决定的国家法律就会是他自己内在决定的外在表达。毋庸置疑，这种政治纯洁性克服了如下问题：如何通过外化一个并非自己意志的内在意志，来模仿一个"异己"的躯体？事实上，在卢梭的公民共同体里，很难找到一个与自己相异的对象来加以内化。通过这种方式，借由将所有其他人看作自己的映象，公民就克服了他者带来的难题。

Culture 悲剧与拒绝：西方政治思想中的差异政治

卢梭对和谐的主张是建立在如下信仰之上的：社会冲突产生于男人对私利的追求、对私意的拥有和对私欲的渴望。他相信，假如他们能放弃自己的个性，他们就会清晰透彻地认识到作为整体的共同体的意志。卢梭坚持认为，在这方面，个性是政治纯洁的首要障碍。然而，哪怕某些冲突事实上的确源于自尊引发的谋取私利，我们在接受如下假设之前肯定也会有所迟疑：所有威胁社会和谐的冲突都可以归咎于这种原因。因为，尽管它消除了这种个性，但卢梭的政治和谐概念也许本身就存在问题。

就像柏拉图在描绘苏格拉底的反悲剧性政治艺术时所做的一样，卢梭在建构自己的言辞城邦时，通过论述所有"可欲"的观念、价值与美好事物之根本上的不可兼得性，系统化地贬低了所有差异和个性的价值。通过以这种方式贬低差异，他把自己的共同体塑造成了一个和谐的整体，一个消除了差异却不会遭受道德损失的整体。在此基础上，他并不感到有必要去面对如下合理的主张：原则上讲，美好事物因其本性就会产生冲突，而且对它们来说，或许并没有无可争议的整合方案。[1] 由此，卢梭就可以避免谈及如下的常见道德体验：在不同的道德要求与生活方式陷入冲突时，个体不得不在它们之间做出选择。

然而，在试图规避这些主张和冲突时，卢梭投向了一种建立在支配与内在毁灭基础上的理论立场。一旦每个个体都"使他的人身和全部力量都听从于公意的最高指挥"并且成为"整体中不可分割的一部分"，则公民的意志就将成为道德意义的唯一基础。（iii 361）在这方

---

[1] See Bernard Williams's introduction to Isaiah Berlin, *Concepts and Categories* (London: Penguin, 1981), xvi – xvii.

第二章　卢梭与自恋者的回音

面，卢梭限定了公民身份的存在论地位。但是，由于那个"不受限制的整体"是由公民集体意志所创造的，那些被共同体意志排除在外的道德考量，系统地失去了他们在存在论意义上和道德上的基础。

用语言学的术语来说，把个性消融于普遍概念之中的行为，是建立在个性之间抽象的相似性之上的。事实上，在考察普遍概念的语言学根源时，卢梭论证说，"只有通过语言学的抽象，才能把个性用共同且一般的属类来加以组织"。(iii 149f) 因此，正如保罗·德·曼（Paul de Man）所说，对于卢梭来说，概念化是比喻性质的，"基于相似性基础上的属性交换或替代"。[1] 卢梭的公意概念也可以通过这样的比喻来理解。然而，在建构作为道德概念的公意时，卢梭试图隐藏对个性的认可，而个体却必然构成他的观念的最初基础。事实上，作为众意（特殊意志的总和）之未被腐化的对等物，公意这一"比喻"必将会忽视差异的因素，而使个性之间彼此得以区分的，正是差异的因素。通过这种方式，这样的差异就构成了"非身份"的领域，而这一领域将继续处于意指（signification）[2] 的结构之外。

---

[1] De Man, *Allegories of Reading*, 146.
[2] 意指（signification），也称意指方式，是能指和所指结合成为符号过程中不可忽略的要素。按符号学理论，如果意指方式恰当，人们就可以从符号中获得正确讯息；反之，就会得到不正确的讯息。"意指"既指符号能指和所指的结合方式或行为过程，也指这一过程的结果：一种更深层次上的意义。法国符号学家罗兰·巴尔特（Barthes, R.）举过这样一个例子：巴尔特在理发店里看到一本《巴黎竞赛画报》，封面上有一个身着法国军服的黑人青年正在致军礼。他眼睛向上，可能凝视着飘扬的三色旗。巴尔特说："这就是画面的全部意义。"然而他又说，他从画面上又清楚地看到了另外一些东西：法国是一个伟大的帝国，它的国民不受种族歧视，忠实地在它的旗帜下效力。这个黑人在为所谓他的压迫者服务时表现出来的热忱，再好不过地回答了那些诋毁所谓的殖民主义的人。巴尔特认为，这才是画面的意指——一种以原来符号（能指和所指的结合体）为能指的所指。——译注

59

因此，被排除在社会意识的统一体构造之外的东西，就被剥夺了意义，因为意指（signification）的结构是建立在公民的社会身份之上的。由于在卢梭的国家里，所有的价值都来自这种社群身份的内在深度和现实，那么，所有未在公民意志里得到反映的道德要求，就都将被毫不犹豫地压制下去。这不会导致损失，因为根据定义，这样的要求没有意义或现实性。不论在存在论的意义上还是在道德上，它们都缺少那种仅仅被包含在公民自己灵魂中的价值。

出于这种原因，卢梭只有通过根除互相冲突的差异在道德上的意义，才可以避免道德冲突。毫无疑问，他之所以想从意识中抹去这些差异的道德影响，是由于他害怕它们的继续存在会点燃自尊。但是，他将这些差异的伦理含义排除出考虑的愿望，实际上揭示了他的社会和谐观从自身那里所隐藏的内部支配。然而，尽管卢梭进行了这种隐藏，但揭露出仍隐藏在其政治愿景中的内在支配的痕迹，却也并非难事一桩。

事实上，我们只要看看卢梭对性别屈从的三步简单论证，就可以洞悉这种内在支配了。首先，与苏格拉底不同（他至少主张不同性别在自然美德上的平等），卢梭一开始就把性别差异本质化了。在这种本质化的基础上，他随后富有争议地把妇女和家政联系在了一起。最后，在保护城邦的伦理地位时，他贬低了家庭领域的价值。在这三个简单的步骤中，他升华并磨灭了女性作为道德行动者的身份。在他的国家里，女人的行为只是为了去强化男人的如下身份：属于整个共同体的公民。由于处于道德意义的领域之外，她们被迫让渡掉了自己的伦理表达和权利。在这方面，女人的伦理地位被缩减为保护男人政治灵魂的神圣性。因此，通过抹杀自己，女人只能去为净化男性公民的身份和意志而服务。

然而，尽管建立这种纯洁性的结果可能是，每个公民只会看到自己的意志通过共同体的唯一和谐意志反映出来，但是，在我们关于美好生活的复杂意象和道德参与的多重领域这两方面，通过消除道德差异，卢梭的政治学沦为了一种自恋的政治学。通过仅仅在自身中反映自身，卢梭的国家被迫转向了自身。正如黑格尔对美丽灵魂的描述一样，通过由转向自身来反映自身："它的光芒在自身中消逝了，而且它就像一阵无形的水汽一样，融化在空气中。"[1]

---

[1] G. W. F. Hegel, *Phänomenologie des Geistes* in *Sämtliche Werke*, Band 2, 462.

第二部分

悲剧的政治

第三章

一篇论自由的对话

第一节 序幕：走进塞万提斯的文献

"坦白地说，我本希望将这个作品直白简洁地呈献给读者，而无须像现在流行的做法一样，在著作的开头用一个序幕或一串数不清的老套十四行诗句、俏皮诗、赞词等等加以点缀"。这就是米格尔·德·塞万提斯对待序幕的态度。我当然明白他的意思。但是一部小说的序幕和一篇政治理论作品的序言之间，还是存在着一个根本性差别的。对于试图追着某领域内的"文献"跑的热切读者来说，一个序言可以起到重要的节省功能：除去那些真正对论证细节感兴趣的人以外，其他人都可以借序言而免于去做进一步的深入阅读。而在另一方面，通过为即将讲述的故事搭建舞台，一个序幕则必然会起到请求其读者留下来继续观看的作用。

在《堂吉诃德》的序幕里，我们发现，塞万提斯所讲的这个故事据称原是由艾哈迈德·本·安赫利所著。被加以重述的，乃是安赫利的历史。但塞万提斯承认道，不幸的是，他手里并不总是有安赫利的全部手稿。他告诉我们说，他为此常常被迫停下《堂吉诃德》的撰写，以便找寻和澄清安赫利作品的相关部分。事实上，人们知道塞万提斯有时会一别数月，回来之后也不解释自己干什么去了，就好像他离开期间什么都没发生一样。例如，在塞万提斯这部佳作的第一部第八章，就在堂吉诃德被巨大的风车打败之后，他又与一个被他当作魔法师的巴斯克人打得火热。在一顿冷嘲热讽之后，堂吉诃德拔出了他的剑并刺向他的对手，口中喃喃宣称他马上就会把敌人劈成两半。情急之下，巴斯克人用他的枕头护住了自己，并挥动自己的武器以应对下一次袭击。正当他们的剑要碰到一起的时候，塞万提斯的笔停了下来。他有些遗憾地记录道，这个故事的作者在战斗的节骨眼上留了个悬念。他告诉我们说，手稿还没有给这一幕的结局作个交代，就戛然而止了。由于不想把堂吉诃德的命运拖入无尽的悬念中，塞万提斯承诺他会搜寻相关文献，以找出战斗的结局。

　　出于对塞万提斯的效法，我也将会讲述一场悬而未决的争斗。这是一场发生在如下两者之间的冲突：一方面是我们对民主自由和公共参与的渴望，另一方面则是我们对个人自由加以保护的意愿。对于理解现代宪政政治的历史和戏剧性效果来说，这场战斗有着根本性的重要意义。并且，就像塞万提斯一样，我也曾翻来覆去地去寻找它的结局。在政治理论家们传统上所讲述的那些故事中，我找了三种（而非一种）关于这一冲突的不同结论。这些结局分别遵循了与喜剧、滑稽戏（satire）和传奇（romance）联系在一起的基本戏剧模式。在我探究这些结论之前，先对所提及之冲突的本质加以澄清，乃是十分重要的。

通过对作为民主自治的自由和个人自由之间紧张关系的观察，以赛亚·伯林（IsaiahBerlin）注意到：

> 自我管理的要求，或至少参与我的生活由以得到控制的过程的要求，也许是与对行动的自由领地的要求同样深刻的愿望，甚至在历史上还要更加古老。但这并不是对同一种东西的要求。事实上，这两种要求是如此的不同，以致最终导致了我们这个世界的意识形态的大撞击。[1]

对于伯林来说，在民主自由和个人自由之间的区分是一个更一般性的划分的例子。这一划分就是那一广受抨击的、他称之为"消极"和"积极"自由的划分。[2] 积极自由的倡导者将自由理解为一个道德性质的事业，自由的实现有赖于个体的行动服从于一套特定的道德律令、目的或目标。民主自治和精神上的自主同样都被归为这一类自由。相反，作为一种"消极"形式的自由，个人自由需要一个受保障的行动领域的存在。在这个领域里，人们可以自由地为自己选择他们的生活和他们的目标，而不会受到

---

[1] Isaiah Berlin, "Two Concepts of Liberty," in *Four Essays on Liberty* (New York: Oxford University Press, 1969), 130–131.（中译本见伯林著《自由论》，胡传胜译，译林出版社，2003，第199页。——译者注）

[2] 多年来，伯林对"积极"和"消极"自由的区分已经受到了大量高水平评论者的批评。For example, see Gerald C. MacCallum, Jr., "Negative and Positive Freedom," *The Philosophical Review 76* (July 1976): 312–335, and Charles Taylor, "What's Wrong with Negative Liberty?" in *The Idea of Freedom*, ed. Alan Ryan (Oxford: Oxford University Press, 1979), 175–193.（两文中译本分别见应奇、刘训练主编的《第三种自由》，东方出版社，2006；刘训练主编的《后伯林的自由观》，江苏人民出版社，2007。——译者注）

Culture 悲剧与拒绝：西方政治思想中的差异政治

他人的干涉或限制。

换一些富有戏剧性的辞藻来表达的话，可以说，民主自由和个人自由之间的紧张关系，能够表明一种内在于人类宪政史之中的悲剧性处境。在他关于黑格尔颇具影响的美学讲演录中，当布拉德利作出如下表述时，他就捕捉住了悲剧的这种含义：

> 毫无疑问，在所有的悲剧中，都存在某种冲突——情感、思维模式、欲望、意志、目标的冲突；人们彼此之间的冲突，或人与环境的冲突，或人与自己的冲突；随情况不同可能产生这些冲突中的一种、几种或者全部。具有根本意义的悲剧性事实，乃是伦理实体的自我分裂和交战。这与其说是善与恶之间的战争，还不如说是善与善之间的战争。[1]

我现在就要转向不同自由（freedom and liberty）之间的这种悲剧性对抗。由于法国大革命常常被看作开启了现代政治的门槛，我们的研究似乎就应该从此开始。我们倾向于相信，有一个和谐的体系能够统合被革命所宣扬的自由、平等、博爱三大价值。同样，民主自由和个人自由也经常被看成现代宪政中和谐而统一的两个部分。为了质疑最初对这种预设的接受，让我们考虑一下本杰明·贡斯当（BenjaminConstant）和让-雅克·卢梭各自

---

[1] A. C. Bradley, *Oxford Lectures on Poetry* (Oxford: Oxford University Press, 1950), 70. 值得注意的是，布拉德利追随了黑格尔的正确思想，阐明了一种能被确认的伦理实体（ethical substance）的存在。正是凭借这种伦理实体，相互冲突的道德主张才得以找到了它们本质上的一体性（essential unity）。道德本质的发掘在于找到不同道德要求在本质上的一致性。对这一说法的批判性分析见第四章。

的政治著作中所浮现出的两种自由之间的冲突。尽管卢梭之前曾因其自恋倾向被我批评过,但当我们将他的主张与贡斯当的理论对立起来时,仍然会引发两种版本的自由之间的一种"悲剧性"争斗,而这两种自由则分别属于两种不同的历史与政治传统。

第二节　书籍之战

让-雅克·卢梭是一个宽泛意义上的共和主义者。[1] 他想知道的是:谁控制了国家权力?这种权力又是为了谁的利益而被运用的?他的回答是,公民们必须集体控制国家权力来服务于他们的集体利益。卢梭把任何不允许其公民进行集体自决的政体都视为专制政体。无论人们在一个社会里享有多少个人权利,如果他们不能为自己立法,卢梭就认为他们生活在专制和奴役的境况之下。

相比之下,本杰明·贡斯当则关注宽泛意义上的自由主义者所关注的问题:什么构成了国家权力的恰当限制?如何保障这些限制能够存在下去?他的回答是:要有一个确定的区域,而这个区域必须超越于政治权威的权能和控制之外。贡斯当把任何不能保障个人自由的政治社会形式定义为专制政体。为了保护这个自由的领域,他主张对个人权利、机会和公民自由加以宪政上的保障。

---

[1] 当然,正如现今美国的政治学理论文献所显示的,共和主义和民主都是有争议的概念。尽管如此,没几个人会反驳如下的观点:卢梭依靠随之而来的问题而塑造了自己独特的共和主义立场。参阅我在第六章的评论。

在近一个世纪之前，乔纳森·斯威夫特（Jonathan Swift）就描述了在那个决定性的星期五发生于詹姆斯国王图书馆里的战争。同样，在卢梭和贡斯当的著作里，两种自由的冲突乃是一场古代人与现代人之间的战争。一方面，在贡斯当那里，我们发现了一位个人自由的捍卫者，一位有限主权的提倡者，以及一位现代商业社会的仰慕者。而另一方面，在卢梭那里，我们找到了一位支持绝对主权的理论家，一位政治自由的拥护者，以及一位对现代社会的批判者。

第三节　贡斯当论古代人与现代人的自由

按照贡斯当的说法，在18世纪末的学者中，对古代人美德的仿效是很常见的。[1] 在所有仿效古代人自由的人当中，贡斯当最为关注卢梭。在对卢梭《社会契约论》的解读中，他提出了一个十分有趣的问题：如果把卢梭那种（适用于古代社会）自由概念应用于现代社会的情况，会有什么后果？纵观贡斯当的所有著作，他的回答都是相同的：卢梭的理论将导致政治上的暴政。例如，在他的《政治原理》中，贡斯当认为："《社会契约论》虽然反复鼓吹自由，却是对所有种类的专制主义最为强烈的支持。"（272）在他的论文《论征服的精神》中，他重申了如下观点："在我们这个时代，《社会契约论》中微妙的形而上学只能为各种

---

[1] See Benjamin Constant, "De l'esprit de l'usurpation," in *De la liberté chez les modernes* (Paris: Pluriel, 1980). 本文对贡斯当著作的所有引用，都来源于他在这本文集中的政治论文。

第三章　一篇论自由的对话

类型的专制主义提供武器和巧立名目。"（186）在他论古代人和现代人自由的论文中，贡斯当又一次出来论证说："让－雅克那最富盛名的哲学体系一旦被搬到我们的现代社会里，将会为暴政提供最为恐怖的掩饰。"（503）

贡斯当从未说过卢梭自己提倡专制的统治形式。他所论证的是，卢梭的哲学体系（他的关键定义和概念）为现代的专制主义提供了粉饰。贡斯当反复地告诉我们，他并不想加入那些把卢梭曲解为革命或暴政理论家的恶意批评者行列。[1] 他相信卢梭这位"古人的效法者"的目标"是崇高而宏伟的"。（502）但是，贡斯当宣称，在革命恐怖分子和拿破仑的支持者手中，卢梭的哲学为"无尽的痛苦"和在这些政体下经受的"极其可恶的暴政举措"之正当性提供了证明。[2]

为什么贡斯当相信卢梭的古代自由概念在现代是危险的呢？为了回答这个问题，我们必须把卢梭的自由观置于贡斯当的社会学分析背景之中。贡斯当追随斯塔尔夫人在文化比较领域具有先驱意义的研究，使自己的分析起始于如下这种尝试：勾画与一组社会的历史模式相联系的社会结构。在这些模式的基础上，贡斯当继而把某些政治伦理概念的特殊版本与可以在制度上支持它们的社会结构联系了起来。隐含于贡斯当著作中的主要方法论前提是：伦理思想和政治选择会受到限制，而限制它们的，就是它们

---

[1] Constant, "De l'esprit de l'usurpation," 186 n. 3; Constant, *Principes de politique*, 272 n. 4.
[2] Constant, "De la liberté des anciens," 493, 502; Constant, "De l'esprit de l'usurpation," 178, 187–190.

Culture 悲剧与拒绝：西方政治思想中的差异政治

在其中会被实施的社会境况和制度的历史发展。[1] 换句话说，贡斯当认为社会境况限制了适用于特定历史时期的政治选择和伦理标准。

按照贡斯当的说法，无论我们可能会多么想去赞美产生于其他文明时代的政治和伦理生活，那些生活方式都无法超越现今时代的限制。事实上，作为其社会学理论的必然推论，他断定说，一个历史时期的伦理标准和政治选择对于另一个时期的社会境况来说，是不合时宜的，且常常是危险的。

纵观他的著作，贡斯当最为关注的，是对两种自由之伦理概念的确认和证成，而这两种自由概念则分别与古代和现代的社会境况相契合。贡斯当特意用卢梭的例子来说明，《社会契约论》中的道德自由观包含了许多古代政治自由观中的主题，这一点绝不仅仅是巧合。按照贡斯当的观点，古代人的自由基于一种集体自决的理念，以及一种对公民身份的理解：公民与作为整体的共同体是不可分割地联系在一起的。用他的话来说：

> 古代人的自由在于以集体的但又是直接的方式行使主权的许多方面，包括在公共场所协商从战争与和平到缔结盟约的一切问题，投票表决法律，宣布判决，审查账目，艺术和行政官员的管理——也就是把这些官员置于全体人民面前，以便对他们进行指控、定罪或豁免。古代人所称之为自由的

---

[1] On this point, see L. A. Seidentop, "Two Liberal Traditions," in Ryan, *Idea of Freedom*, 169–174; and Stephen Holmes, "Aristippus in and out of Athens," *American Political Science Review 73* (March 1979): 113–129.

这种东西，完全把个人与全体人民的权威结为了一体。（495）

在那些可以为这种古代政治自由观提供制度性支持的城邦社会境况中，贡斯当提到了以下几点：（1）城邦的规模小到共同体中任何人能够相互认识的地步；（2）共同体的同质性提供了一个拥有共享价值和期望的传统；（3）古代生活中建立在战争和制度化奴役基础上的政治经济；（4）由简单的劳动分工和公民中相对平等的财产分配所构成的社会秩序复合体；（5）建立在绝对权力概念之上的公共生活的政治组织。

与这种根植于城邦社会组织中的古代人自由概念相对的，是一种适应于现代社会境况的自由。用贡斯当的话来说，"真正的现代自由就是个人自由"。（509）这一点基于如下主张："生活的某个部分必须是留给个人的和独立的，这个部分要超越社会的权能"。（271）现代社会中的个人"拥有独立于所有社会和政治权威的权利。这些权利包括：人身自由、言论自由、信仰自由、拥有财产的自由和对抗专制权威的自由"。（275）这样的权利可以被归类为公民自由，也就是个人不受他人干预而为自己追求和界定目标的自由。除此之外，人们有通过对公职人员和议员的任命来影响政府行政的权利。（495）

在贡斯当看来，这种个人自由概念最为适应大型、异质、复杂的现代社会之境况。这种社会建立在高速发展的商业经济之上，并由一种具有有限主权的政治组织来加以支持。事实上，贡斯当论证说，在这些境况之下，唯一一种可以被制度性地加以实施的自由概念，就是个人自由。不过，他并没有以现代之社会境况和个人自由之伦理地位之间的对应来结束自己的分析。相反，他进一步对在现代世界效法古代自由的危险提出了警告。

贡斯当宣称："对于古代人来说，牺牲个人独立是牺牲得少而得到的多；另一方面，如果我们也效法古代人的自由，则会是牺牲得多而得到的少。"（502）通过效法古人，我们将会牺牲掉我们的个人自由，并会发现自己已经被政治暴政所征服。（119）因此，"古代那些简朴的共和主义者自然而然地付出的重大牺牲（在我们这个时代）将会被用来粉饰自私的激情和暴政"。（194）

在《论僭主的精神》一文中，贡斯当论证说，所有形式的专制主义的根本性原则，就是专断的政治权力。（197）在现代社会里，专断政治权力的特征就是"无限主权"，也就是说，这种主权概念不承认有超越其权能所控制和废除的基本个人权利：

> 如果没有人能够宣称会有一些连立法者都无权在其上强制立法的事物，或者换句话说，如果没有人宣称主权是有限的，且有一些意志是就连人民及其代表都无权拥有的，那么，这种主权就必须被称为一种专制政体。（65）

对于贡斯当来说，"所有现代政府都必须服从的永恒原则，就是通过对个人权利的宪政保障而对主权形成的限制"。（65 n.）在他看来，绝对的、无限制的主权构成了专制主义的基础，无论这种主权"是以个人名义还是以集体名义来行使的"。（202）

由此种视角来看，卢梭的政治社会必然会被认为"专制的"，因为它并没有为个人的权利和自由提供一个宪法上的保障。用贡斯当的话来讲，卢梭"误把权威当作了自由"（188），并且犯下了"那些由衷热爱自由的人所犯的错误，即把无限的权力交给了作为主权者的人民"。（199）出于这个原因，"卢梭没能认识到：绝对的政治权威，哪怕是放在所有公民的手中，也仍然是绝对的和专制的"。正如贡斯当所写的，"主权必须是有限的和相对的。在公民的个人独立和生活开始的地方，主权的管辖权就必须停止了。如果社会越过了这个界限，那么它就会像纯粹凭借武力加以统治的暴君一样有罪"。（200）贡斯当声称，在古代人自由的名义下，卢梭那种立基于无限主权概念的哲学可能因此而被用来为现代的暴政做辩护。

而且，贡斯当还在卢梭的如下主张中发现了专制的意蕴：作为主权权力的成员，所有公民都必须直接参与立法活动。事实上，卢梭式国家的压倒性权威在他的如下主张中体现得再为明显不过了：集体可以强迫它的公民获得自由。强迫人们按照一个特定的目的来行动（哪怕是像政治参与这样高尚的目的），就是在剥夺他们的自由。尽管一个人可能想要去呼吁或者劝说人们去接受他们参与政府治理的公民责任，但他绝不能强迫他们实现政治自由，因为通过强制公民参与这一行为本身，就否定了他们在不受干涉和限制的情况下界定自身目标的自由。因而，卢梭的那句名言"一个人能够被强迫自由"所体现的并非一个悖论，而是一个简单而危险的矛盾，这一矛盾会导致强迫共同体的成员们参与一个专制的政治体系。

贡斯当论证说，卢梭的理论不仅可以为现代专制主义提供辩护，还可以为现代国家中对政治权力的篡夺提供名目。专制主义限制了公民外部形式的行动，而篡权则涉及对个人内在良知的征服。"简单地说，专制主义以制造沉默的形式来统治，并允许人们拥有乖乖待着不动的权利。僭主则强迫人们发言，并且进入他们神圣的思想领域。通过强迫人们对自己的良知撒谎，僭主剥夺了受压迫者仅有的慰藉"。（172）因此，为了确保掌握权力，僭主"伪造了自由"，而专制主义则"只要求服从"。（174）

对于贡斯当来说，卢梭的政治理论在两个不同的层面上隐含了篡权的因素。可以回忆一下卢梭对主权者（共同体的立法权力）和政府（对法律执行负责的政权）的划分。贡斯当宣称，就前者而言，通过把个人身份淹没在作为整体的共同体之中，每个公民（作为主权权力的一分子）都将学会以表达了公意的单一语言来进行言说。相应地，公民就会心甘情愿地通过把权力委托给政府的方式放弃它。因为政府的权力由此便因主权权力的自由意愿而被神圣化了，个人便会去以自己的行动来使非法权力的篡夺合法化。公民们因此不但会为了作为整体的共同体而牺牲自己的良知，还会进而把他们的权力交给政府，而这个政府则会以"所有人的名义"来为对所有人的征服提供正当性证明。在这两重意义上，卢梭的公民将会强使自己"仅仅表达能显示其对国家权力之屈从的言词"。（172）

除了担忧卢梭《社会契约论》中的篡权和专制的性质外，贡斯当还相信，这部书将在现代社会创造出社会一致性的状况。通过进入卢梭的社会契约，个人将自身完全献给了共同体，并创造出了贡斯当所说的"巨大的社会权力"。（221）当然，贡斯当认识到，卢梭想要复兴那种在古代社会很典型的、强烈意义上的共同体团结感。但他认为，当把卢梭的理论应用到现代世界的境况中时，它就将导致一种基于"机械的一致性"上的社会组织形式。这种"机械的一致性"所指的，也就是作为国家"机器"不可分割之部分的个人身份的一致性。在贡斯当看来，通过使共同体成员为了自我认知而依附于国家权力机构，卢梭的社会契约拥有了帝制的精神特质——对拿破仑阁僚的绝对服从，高效的集权官僚机器，以及在皇帝命令下人民愚钝的服从。

通过斯塔尔夫人的影响，贡斯当转而受到了诸如威廉·冯·洪堡这样的思想家的表现主义（expressivist）目标的启发。与洪堡一样，贡斯当主张最小化的国家，相信个人的自我表现和自我实现能够以多种不同方式加以发展，从而创造出一个复杂且充满多样化的社会联合体。与此相反，卢梭那种建立在社群团结基础上的公民观，则不仅会阻碍个人的发展，还会危及人类的自由，因为它肯定会否定个人以自己的方式认同自我及其目标的任何可能性。通过把他们的身份淹没于整个共同体之中，这种个人将别无选择，只得服从国家安排的目标。只存在一种选择就没有选择，就是被迫投入一种个人无法对其目标实行选择的生活之中。

总而言之，贡斯当宣称，在现代社会的境况下，卢梭理论所建构的国家中的个人将会被剥夺一切自由，以致他们无从选择。在政治上，国家会强制其公民选择公共服务这唯一的出路。而在社会层面上，人类将会被剥夺任何有意义的个人自由概念。当然，作为卢梭式国家的臣民，个人也许仍有自由去追求他们的特定目标，只要这些目标不侵犯由公意所产生的法律。但他们没有超越国家管辖范围之外的权利。更具体地说，在那种管辖范围之外，他们没有能够得到国家权威保护的权利。按照卢梭的理论，国家可以在最为隐私的事项上干涉和限制个人的行为。而如果个人的自由受到了威胁，他们又能向谁去抱怨呢？答案只能是国家。因此，尽管正是国家剥夺了其臣民的自由，个人所能寻求的维权者也恰恰只能是国家。所以说，在卢梭的理论中，个人没有能用来抵挡国家当局权力的筹码，无论是宪法限制、安全保障还是受保护的权利。

本杰明·贡斯当总结说，卢梭的政治自由概念虽然适合于古代人的社会境况，但若应用于现代社会，只能为专制提供名目。在这里，他以一种更为精致的形式表达了一种颇为流行的自由主义控诉。通过这种方式，卢梭对社会的刻画为当代思想提供了一种暴政和专制的模式，而不是人类真正自由的前景。

第四节　卢梭对政治自由的辩护

在某一点上，卢梭和贡斯当无疑是能够达成一致的。尽管政治自由适用于古代人的社会境况，它在现代欧洲的政体中却不可能得到制度性的支持。在这方面，卢梭不会否认他的理论在很大程度上受到了古代人的启发。从他把斯巴达和罗马与瑞士的自治州（canton）并列赞美为培育政治自由的典范式制度条件来看，[1]

---

[1] 关于卢梭对自由存在的必要条件的理论表达，参见 Judith Shklar, *Men and Citizens* (Cambridge: Cambridge University Press, 1969), 1–33; and Benjamin Barber, *The Death of Communal Liberty* (Princeton, N. J.: Princeton University Press, 1974)。

对于他所盛赞的那种秩序与他所痛斥的那种主流社会境况之间的差别，卢梭并非熟视无睹。他并不需要别人提醒他说，他的道德自由观与现存状况的大气候不相符合。他写下《社会契约论》，恰恰就是为了回应那些状况。由于见证了正在浮现的异质而复杂的世界，卢梭知道，一个小的、面对面的共同体是几乎没有什么生存空间的。在那种共同体里，公民们分享着共同的过去、共同的传统和习俗，以及一种基于其在共同体整体中的成员资格的共同身份。因此，卢梭并没有自欺欺人地相信说，集体自决和社群团结可以适合于现代的社会结构与境况。[1]

然而，如果卢梭会在原则上同意贡斯当所说，在当前的境况下，政治自由不能通过制度的方式强制推行，他却不会同意贡斯当的如下结论：个人因此就应该接受个人自由作为适合于现代条件的道德思想。对于卢梭来讲，接受贡斯当的这样一个观点将是错误的：伦理信念只能根据当前秩序下的社会条件来加以评估。他相信，相反的说法才是正确的：当前的社会条件应该根据对道德自由的需求来加以评估。基于他自己的评估结果，卢梭沮丧地总结说，真正的人类自由在现今时代恐怕是不可能实现的。

正如他们各自对现代自由前景的论断一样，他们各自对政治代议制的态度也存在根本性的分歧。对贡斯当来说，代议权利是

---

[1] 参阅《社会契约论》第 2 卷第 10 章："欧洲却还有一个仍可以立法的国家，那就是科西嘉岛……我有一种预感，总有一天那个小岛会震惊全欧洲的"。（iii391。中译本见卢梭著《社会契约论》，何兆武译，商务印书馆，2005，第 65 页——译者注）尽管这话吸引了一个有名的科西嘉人向卢梭询问关于该岛宪制的意见，但他的预言能力肯定仍然给了贡斯当以很深的印象，因为正是来自科西嘉的拿破仑领导了对欧洲的征服。

现代个人自由必不可少的部分。[1] 代议制体系允许个人有更多的时间追求私人利益。按照贡斯当的说法，在古代社会中，一个人在直接的政治参与的"践行上奉献的时间和精力越多，他就越认为自己是自由的；而在另一方面，根据影响了我们的那类自由观，我们追求私人利益的时间越多，自由对我们来说就越珍贵"。（512）贡斯当因此宣称说，我们需要一种代议制体系，这种体系把国家的责任分派给了少数人，而那些责任是人们不能或不想自己承担的。通过允许人们把精力集中在自己的商业与自我发展的事务之上，这样一种制度使自由变得弥足珍贵。（513）

贡斯当对现代商业"美德"的支持是众所周知的。"商业是各国的真正生活"，他告诉我们说，"它想要宁静的舒适生活，以及作为舒适生活源泉的产业生活。它激发了人们对个人独立的深深热爱。它给他们提供了生活所需，满足了他们的欲望"，并为当今时代带来了安稳、战争的远去、财富以及个人的幸福。（499f）贡斯当又一次捍卫了最小国家的思想，并宣称，"每当集体权力想要插手个人对自己生活的思考时，它就是在骚扰思考者

---

[1] 值得注意的是，在人民主权的问题上，贡斯当的态度并不总是一致的。例如，可以考虑一下他在百日王朝中的角色。在那一百天里，拿破仑对他的自由派反对者提出了宪制上的让步措施，试图以此来挽救它的政权。由于看不到其他有前途的政治替代方案，同时又受到拿破仑方案的吸引，贡斯当接受了帝制体制下的国家顾问一职。在1815年4月22号，他提出了他的"补救方案"。"这个以"本杰明"而知名的法案试图在君主立宪制的框架内保障公民自由。然而，它并没有努力尝试去把拥有主权的"人民"扩展到大片地产所有者的范围之外。出于这个原因，当时的许多自由主义者都指责说，贡斯当只不过是在为拿破仑的权力提供宪制上的辩护而已。事实上，鉴于他之前对皇帝的敌意，他现在所提出的方案简直不像是出自贡斯当之手。尽管如此，在他的《回忆录》里，贡斯当强调了他行为的一贯性。他宣称，尽管他对拿破仑的政体持批评态度，但他现在的工作动机仍然是为了帮助朝着完整的个人自由（包括普选权和代议权）的方向迈进。

本人。每当政府觊觎属于我们自己的事务时，它的效率都会更差，花费都会更高"。(500)

至于那维护了商业性"美德"和最小国家的代议制，对于卢梭来说，则不过是一种使占有性个人主义的自由合法化的体制而已。这种自由只是个人将庸俗的享乐塞满其灵魂的权力罢了。卢梭宣称说："正是商业上的忙碌，对利润的狂热兴趣，对商品的热爱，把个人的服务转化为了金钱。""爱国主义热情的冷却，对私人利益的追逐，庞大的国家，政府的肆意妄为——所有这些都表明了，在国民集会中安插人民代表玩的到底是什么花招。"在这样的代议制度下，"人民相信自己是自由的。这是一个严重的错误。他们仅仅在选举期间才是自由的。一旦代表被选举出来，他们就成了奴隶，就成了无足轻重的人"。(iii429f)

自由就是拥有集体性控制人们共同命运的权力。代议制度否定了这种权力。甚至贡斯当也不得不承认，在现代社会，个人总是"在社会意志中作为一种难以察觉的因素而存在"。(499) 在其与国家权力的集体控制的关系中，他们的影响微不足道。出于对权力问题的担忧，卢梭把任何违反如下古代原则的政体都定义为专制政体：美德就是公民的集体自决。

为了反对卢梭对专制的定义，贡斯当论证说，强制公民参与政治，等于否认他们有不受干涉和限制去选择自己目标的自由。不过，我得替卢梭说句话。我们应该注意，他从没有为"公民可以被强制去参与立法"这种思想辩护过。相反，他那句臭名昭著的名言"强迫个人自由"所涉及的，是国家利用其强制力迫使其臣民服从法律的合法权力。在这方面，卢梭的国家拥有马克斯·

Culture 悲剧与拒绝：西方政治思想中的差异政治

韦伯所说的"对合法暴力的垄断"。[1] 显然，国家使用强制手段推行其法律的权力，不但被卢梭所接受，而且也被贡斯当所接受。

不仅如此，在《社会契约论》里，公民的参与义务要基于其对建立政治社会之条件的同意。通过一个作为其自主性表现的自由意志行为，人们同意了社会契约。根据这一契约的条款，他们就有义务去参与立法活动。现在，如果一个人拒绝参与，他就由此放弃了为获得道德自由而必须尽到的责任。在卢梭看来，一个广泛存在这种拒绝参与现象的国家，必然会走向衰落和腐败。(iii135)

此外，导致现代暴政的，不是对人们公民自由的剥夺，而是他们的公共生活的缺失。卢梭宣称，如果对生活于其中的共同体缺少牢固的信念和联系，现代个体就会越发成为如下社会的一部分：在这种社会里，"每个人只考虑自己的利益，从不考虑公共利益"，"人们的利益总是彼此之间相对立的"。(ii234) 由于沉浸于私人利益之中，他们愈发地脱离了政治领域。他们不再将自己视为公民，也就是说，他们不把其他人看成同一个共同体的成员，而是将其视为与自己不同的人。[2] 卢梭感到，由此而来的结

---

[1] Max Weber, "Politik als Beruf," in *Gesammelte Politische Schriften*, ed. Johannes Winckelmann (Tübingen: J. C. B. Mohr, 1971), 506.

[2] 对于卢梭来说，正如对于下一个世纪的马克思来说，个人自由"涉及的是一个被构想为缩回到个人世界的孤立单子的人的自由。作为一种权利，它并不是建立在人际关系的基础之上；倒不如说，它建立在人与人相分离的基础之上。它是一种分离的权利，即残缺的个人缩回到自己的领地的权利"。*Die Judenfrage*, Karl Marx, Friedrich Engels, *Historisch-kritische Gesamtausgable* [*MEGA*], ed. David Rjazanov (Berlin: Marx-Engels Verlag, 1932), Band I/i, 593–594.

果就是，他们失去了政治成员资格所意味着的所有那些信念和联系。最重要的是，他们失去了与祖国（patria）的联系。

也得为贡斯当说句公道话：他认识到了，如果没有一个国家的特定传统，人们就会"迷失在非自然的孤立中，对生于斯的土地感到陌生，失去与他们过去的联系，处于一种匆忙的状态，像被扔到平坦巨大的平原上的沙粒。他们无处找寻自己的祖国，也脱离了那个他们成长于其中的整体。他们对这个整体并无感情，因为他们无法对其中的任何一个部分产生热爱"。（150f）他还对现代社会中个人孤立的危险作了进一步描述："由于沉溺于对我们个人独立的享受及对自己特殊利益的追求，我们太过于轻易地放弃了我们参与政治权力的权利。"（512f）像卢梭一样，贡斯当相信公共生活的缺失滋生了一种个人孤立感。

但是，与卢梭不同，贡斯当告诫说，人们不能为了政治国家而牺牲自身及其自由。他论证说，如果在现代社会里，人们将自己的身份与祖国紧紧绑定，则对自由的威胁将更加严重。在他看来，个人和国家的混同将会导致社会同质性。个人将会变得不过是国家机器上微不足道的零件。作为社会契约的条件，他们将被强迫将自身的目标置于"公意的最高指导之下"。这样一种国家必然带来的结果就是个人自由的丧失。

尽管如此，在卢梭看来，创造了社会同质性及人类自由丧失之条件的，并不是人类对政治生活的奉献，而是那些支持个人自由的制度。卢梭相信，在这些条件下，受自尊支配的人们根据他们如何被别人所评判和理解而界定自己的身份。由于与他们那作为他人意识之对象的地位紧紧绑定在了一起，"一种卑鄙而带有

81

欺骗性的同质性"渗透到了现代社会之中。在那种社会里，"所有的灵魂都是照着一个模子造出来的"。（iii37f）"就像时钟一贯只在24小时的范围内打转一样"，卢梭告诉我们说，"这些人每个晚上都得要进入社会，以便学到他们次日该去如何思考"。（ii234）

但贡斯当争辩说，这些现代的个人有着界定自己身份的自由，也就是说，他们可以在其所选择的私人生活中自由地扮演角色。相是，卢梭则感叹："如今，再也没有法国人、德国人、西班牙人甚或英国人了，唯一存在的是欧洲人。所有人都有相同的品位、激情和行为方式，因为没有人是被那些由国境线加以区分的特定制度所形塑的。所有人在相同的环境里当然会做相同的事。"（iii 960）

卢梭宣称，"你可能认为，这些独立生活的孤独人群至少会有他们的思想。绝对不是这样。他们只是不会自发思考、仅仅由弹簧牵动的机器而已"。（ii234）个人自由并不允许人们用自己的方式来界定其身份和目标。相反，支持这种个人独立的制度，为现代社会施加于个人身上的暴政创造了条件。这是一种剥夺了人类为其自身界定身份和目标之能力和权利的暴政。结果，由于缺少能借以界定自我的坚实基础，现代个人既失去了他们与共同体整体生活的联系，也在他们孤独的独立中，成为自尊的牺牲品。

由于其自身的弱点和依附性，这些个人会一直感觉他们的尊严需要得到认可。对卢梭来说，人类确认其尊严的最常见方式，就是显得比他人优秀。因此，由于被自尊支配，个人会被持续地卷入为获得社会承认而进行的争斗之中："通过与别人的比较而获得的自尊永远不会被满足，也不可能被满足，因为，这种情感既然使我们爱自己胜于爱别人，也会要求别人爱我们胜于爱他们自己，而这是不可能的"。(iv322)

在卢梭看来，自尊的外部化有助于解释现代社会中社会分化和不平等的增长。他举例说，在自尊所导致的条件下，私有财产和财富成为能得到社会认可的人类尊严的象征，因为它们是个人可以用来判断彼此之间相对价值的可量化尺度。由于自尊导致人们为了不受他人支配而去支配其他人，私有财产成为竞争的战场，而公民社会自身也成为一场所有人反对所有人的战争。按照卢梭的说法，为了调停这场战争，现代国家建立了一个将公民社会的贫富差距加以制度化的"合法性"基础。最终，在现代社会的境况中，他看到了一种社会压迫和作为富人阴谋之政府形成过程的前景。这当然不是一个人类自由的前景。穷人被富人支配和奴役，富人则相应地由于他们的不安全感和支配他人的需要而变得贫乏并遭受奴役。[1]

在《社会契约论》里，卢梭尝试了去界定能克服现代社会缺陷的那些制度性条件。他相信，在自尊的精神和社会动力中，内在地包含着内部失调与外部压迫，而为了克服这些问题，人类必须既要表达出作为集体自决的自由，又要根据社群团结的原则来理解自己。然而，他也意识到，他那关于自由和社群团结的前景是断然不可能实现的。卢梭那种受古人启发的公民社群前景并非一个未来的蓝图。毋宁说，它是对人类自由进行的一种与现代暴

---

[1] 参阅黑格尔在 *Phänomenologie des Geistes*, in *Sämtliche Werke*, ed. Johannes Hoffmeister, Band 2, 141f 里的"主奴辩证法"。

政形成鲜明反差的描绘。

最终，贡斯当得出结论说，卢梭的《社会契约论》为暴政提供了如下的借口：只要人民自己不要求他们的个人自由，人民主权就可以存在。而在他这边，卢梭则会从贡斯当的最小国家概念里发掘出一种专制暴政。在这种专制暴政之中，现代的个人放弃了其自行规划社会与政治生活的权利，并且只要他们不去要求他们的道德自由（即对自我立法的服从），他们的政治自由和代表的权利就能得到保障。在贡斯当和卢梭之间这场冲突的最后，我们发现自己所面对的，是两种相反却又具有说服力的善概念。由于摇摆于个人自由的价值和对政治自由的需求之间，我们可能因此要经历自我分裂和内心交战。布拉德利在讲述黑格尔哲学时将此描述为悲剧的"本质性事实"。正如我们将要看到的，在论及这场战斗时，黑格尔自己为两种自由之间的冲突提供了一个漫画式的结局。

第四章

黑格尔式的和谐与天使之笑

在 G. W. F. 黑格尔的作品中，西方政治和哲学思想的喜剧传统无疑达到了它的顶峰。正如《神曲》中的但丁一样，黑格尔按照统一、和谐和同步的原则向我们提供了一个大胆的哲学漫游。按照但丁和黑格尔的理解，从冲突到统一性的发展，是喜剧最根本的结构性特征。他们都讲述了一个在社会、自然和精神领域中发生作用的力量进行和解的故事。然而，尽管他们作品的叙事结构中包含着很多相似之处，在与《神曲》相联系的"喜剧"和黑格尔哲学阐述的"喜剧性"主题之间，却存在着一些明显的不同。

首先，虽然神曲中存在不少"喜剧"的成分，但正如任何试图阅读黑格尔的人都知道的，他的哲学著作中没有什么滑稽有趣的东西。尽管确实很难发现有人在读《地狱篇》时咯咯发笑，但在《精神现象学》中，只有一个有着非常怪异的幽默感的人，才会发现有趣好笑的事情。[1] 其次，黑格尔这样的哲学家很少采用

---

[1] See Dorothy Sayers, "The Comedy of the Comedy," in *Introductory Papers on Dante* (Oxford: Oxford University Press, 1956), 151–178.

与但丁的如下评论联系在一起的通俗语言：整本《神曲》就是一出喜剧，因为它的语言是"随意的和平易的，属于普通（粗俗的）百姓的言语，无知的妇人也能理解的言语"。[1] 与此形成对比的是，黑格尔普遍采用了一种特别地"高度模拟"的模式：纯粹的、未沾染粗俗鄙陋话语的语言结构。[2] 再次，如果我们把黑格尔冗长哲学风格的烦琐建构与但丁高雅的三节诗体联系起来，喜剧这种文学种类（甚至喜剧这种更为具体的形式）显然就没有什么意义了。最后，尽管没几个人能让但丁显得在哲学上素养不够，但与佛罗伦萨诗人对普遍性的那种更为个人化的朝圣旅程相反，黑格尔的哲学之旅包含了整个现实本身的精神冒险。在他的作品里，我们见到的是精神逐渐在确定的现实中认识自己的旅程。

精神可以被理解为渗透于全部现实之中的内在深度和理性。在《精神现象学》中，黑格尔追溯了各类意识形式的转化和发展，将其看作精神的主观之旅的表达。同样，在《法哲学原理》中，他阐述了伦理世界中各种形式的制度条件的根本变化之发展，这一发展反映了其所谓"客观精神"的内在活力和可理解性。

在其主观的和客观的环节中，这种根本性变化是内在于精神自身的发展结构之中的。也就是说，它们通过内在矛盾的辩证逻

---

[1] 但丁采用这种风格的最终原因是政治。他认为，使用常见的意大利语言代替拉丁语有助于人们的统一，并为他们提供形成于自己话语实践的普遍性和谐语言。*Dantis Alagherii Epistolae*, ed. Paget Toynbee (Oxford: Clarendon Press, 1966), 177。

[2] Northrop Frye, *Anatomy of Criticism: Four Essays* (Princeton, N.J.: Princeton University Press, 1957), 33–71.

第四章　黑格尔式的和谐与天使之笑

辑而开展。辩证法开始于一个简单而直接的统一，这种统一经历了内部的分化和分离。通过这一内部分离所揭示的对立面最终被加以扬弃，以使一个新的有机整体可以完成。反过来，随着精神在其主观与客观方面的展开，这个统一体也将经历进一步的分裂。

对黑格尔而言，毁灭是精神之有机实现的必要环节。他告诉我们，这种毁灭不可避免地起源于精神自身的内部分裂。事实上，在黑格尔的理论中，对这种对立面的否定为创立新形式的意识和现实奠定了基础。他称这种运动为"否定之否定"。用概念化的术语来表达就是，精神"首先显现自身，然后肯定与自身相对立的他者（否定），最终使他者又返回到自身，这就是否定之否定"。[1]

当然，重要的是要记住，扬弃（辩证地克服）并不是毁灭。用黑格尔的话说就是："扬弃了的东西并不是因此而化为无。扬弃在用语上具有双重含义：一方面它意味着保存、保持，同时它也意味着停止、结束。这样，被克服的同时也被保存了。它失去了其直接性，但是它并不因此而被毁灭。"[2] 因此，被否定的事物并没有被完全毁灭。相反，通过形成被中介了的主客观统一的新形式，合理的事物得到了保存。在保存他者中合乎理性的事物时，精神内部分裂的辩证解决必须包含它自身和自身中的他者。

黑格尔辩证逻辑中的保存和湮灭、创造和破坏，都反映在他对古典悲剧的定义之中。回忆一下黑格尔的如下说法：古典悲剧

---

[1] G. W. F. Hegel, *Die Wissenschaft der Logik* in *Sämtliche Werke*, ed. Georg Lasson (Leipzig: Felix Meiner, 1923), Band 4, 495.

[2] Ibid., 495.

的叙事结构中内在地存在着三种根本性的运动：第一，悲剧角色据说体现了一种单一的伦理力量。那种角色：

> 能够而且必须与他们的基本本性相一致，而不是其各种品质以不同方式各自宏伟地发展的集合。相反，即使他们是鲜活的和个别的自我，也不过是拥有支配自己特殊个性的单一权力而已。因为，在与其自身的个别性保持一致时，他们已经将自身不可分割地认同于某种单一的特殊伦理力量。[1]

起初，这些角色只是存在于简单的相互和谐之中，按照他的辩证方法，这呈现给我们的只是一种初步的直接统一。对黑格尔而言，这种简单统一的内部分裂揭示了对立面的结构。与此相似，他论证说，在戏剧作品中的悲剧行为发展过程中，对立的伦理力量产生了冲突和矛盾：

> 强行进入客观真实世界中的一切事物，都要受特殊性原则的支配。因而，伦理的力量，正像行为者一样，在它们的领域和个别的外在表象中被差异化了。假如现在，就像戏剧诗所要求的那样，这些由此而被差异性化的力量被积极地召唤至表象，并作为传递到行为中的人类"悲怆"之特殊目的得以实现，那么，它们的和谐将被取消，它们将在其相互独立中表现出相互对立。（*LA* II.1196）

---

[1] G. W. F. Hegel, *Lectures on Fine Arts*, trans. T. M. Knox (Oxford: Oxford University Press, 1975), II.1194. Cited below as *LA*.

第四章 黑格尔式的和谐与天使之笑

单独来看，这些对立的力量都同样是合理的。事实上，"悲剧的原初本质"，黑格尔告诉我们说，"在于如下事实：在这样一种冲突之中，对立双方从自身来看都具有合理性；然而，每一方都只能通过否定和破坏他者的同样合理的力量，来确立自身目的和角色之真实的和肯定的内容"（*LA* II. 1196）。从伦理立场来看，悲剧的辩证运动中所经历的内部分裂，导向了一种"未解决的矛盾"，其中每一方都包含着伦理有效性的因素。（*LA* II. 1197）

黑格尔把对现实的辩证看法与他对悲剧的理解明确地联系了起来。他论证说，正如在古典悲剧中一样，"在现实世界中，这种未解决的矛盾也会呈现"（*LA* II. 1197）。而且，正如体现在共同体伦理生活中的精神的辩证运动"不可能把这种矛盾作为现实的实质和真正的真理而保持下去"，所以"只有当作为矛盾被消灭时，悲剧的适宜主张才能得到满足"。事实上，"无论悲剧角色及其目的是如何地合理，无论悲剧的冲突是如何地必然"，黑格尔告诉我们说：

> 第三件必备的事，就是对这种冲突的悲剧性解决。这意味着，永恒的正义在如下的意义上被加诸个人和他们的目的之上：随着那些扰乱其和平的个人的垮台，它恢复了伦理生活的实质和统一。因为，尽管这些角色有一个从自身来看是适当的目的，但他们只是通过单方面地追求这种目的而在悲剧中展开它，因而就会与他人的目的相矛盾，并且破坏他人的目的。（*LA* II. 1197）

Culture 悲剧与拒绝：西方政治思想中的差异政治

黑格尔对悲剧性解决方式的要求，再次反映了他的辩证方法。正如我们所见，否定之否定，以及内在于每一个创造环节中的破坏性力量，带来了一个新的被中介了的统一——一个包含了自身和自身之内的他者的统一。对这种统一的看法，是黑格尔逻辑学的核心，也体现在了他对悲剧的理解中。这一看法最终揭示了黑格尔"神圣"喜剧的核心精神。

然而，在他对悲剧和喜剧性结局的语言运用上，黑格尔的理论中似乎存在着某种根本性的张力。前者否定了哲学家对任何单一原则、独断视角或终极语言的追求，并以此而一劳永逸地消除了伦理冲突；后者则自相矛盾地要求，黑格尔本人应在精神旅途的每一幕悲剧结束时，作出那样一种意味着终结性的标记。但是，正如黑格尔所理解的，在精神的辩证运动中，喜剧性的和谐总是被看作临时的歇脚站，是罗伯特·所罗门（Robert Solomon）所说的"绝望高速路"上悲剧性纷扰之间的暂停。[1] 在精神的旅途中，作为永无止境的"精神高速路"上的又一个临时休息场所，黑格尔对个人自由与政治自由之间的冲突提供了一个喜剧性的结尾。

第一节　个人自由与政治自由冲突的再思考

卢梭警示说，如果个人希望保持其天赋自由的首要地位，那么他们就不能生活在公民联合体之中。另一方面，如果他们接受

---

[1] Robert Solomon, *In the Spirit of Hegel* (Oxford: Oxford University Press, 1983), 289.

了公民的义务，那就必须放弃他们的独立性和特殊性。在卢梭看来，不存在第三种选择。事实上，在《爱弥儿》中，卢梭宣称：

> 那些置身于公民秩序之中，又想保持自然情感首要性地位的人，实际上并不知道自己想要做什么。他总是处于自我矛盾之中，总是摇摆于自身的欲望和义务之间，所以他永远是既不可能成为一个人，也不可能成为一个公民。他对自己和他人都没有助益。他会是当前的如下某种人：法国人，英国人，布尔乔亚。他什么都不是。(iv 249f)

与卢梭不同，黑格尔相信有第三种选择，即一种新的国家观念，一种能够克服卢梭所揭示的矛盾的国家。在分析黑格尔自己对这个问题的"喜剧性"解决方案（即他辩证法的第三个运动阶段）之前，我们必须审视一下他对我们所说的两种自由（liberty and freedom）冲突的理解。他相信，当被独立地考虑时，无论是自由主义者主张的个人自由（liberty），还是卢梭要求的政治自由（freedom），"都有一个从自身来看是合理的目的"（*LA* II. 1196）。然而，在这两种概念的悲剧性冲突中，每一方都在"片面地"追求自己的主张，由此便导致了矛盾和相互侵犯。

根据黑格尔的观点，"卢梭对国家哲学的贡献"在于，他的论证"引入了意志作为国家的原则"。[1] 卢梭坚持认为，只有建立在人类意志基础上的国家，才是具有正当性的，而且人的意志

---

[1] G. W. F. Hegel, *Philosophy of Right*, trans. T. M. Knox (Oxford: Oxford University Press, 1942), para. 258. Cited below as *PR*.

也只有在国家之内才能获得实现。[1] 黑格尔认为，虽然卢梭正确地揭示了这些根本性的联系，但是他对意志的适当基础的界定却是不正确的。卢梭论证说，共同体的公意（普遍意志）为国家提供了"终极的基础"和"绝对的正当性证明"，而黑格尔则论证说，精神的理性意志必须被看作国家终极和绝对的源泉。

在他的国家哲学中，黑格尔试图去界定、澄清现存社会政治制度得以立基的理性精神并将其确认为法律。相反，卢梭的国家概念则直接对立于现存制度。黑格尔相信，在这点上，它只能提供一种抽象的理想（应然）——一个永无止境的"应当"，它永远无法把握国家真正的理性。

在《法哲学原理》中，黑格尔把理性定义为"普遍性和特殊性的彻底的统一"（258）。在国家中，理性意志在于将作为普遍性和作为特殊性的意志统一起来的同一性："国家中的理性在于客观自由（即普遍或实体的意志之自由）和主观自由（即每个人自知的自由和对特殊目的的意志的自由）的统一"（PR258）。在黑格尔看来，现代国家的制度结构为主观和客观自由的统一创造了条件。换句话说，在现代国家的条件下，个人能够同时以其特殊性和普遍性来定义自己。黑格尔宣称，通过由此来将个人意愿与共同体的要求统一起来，现代国家的本质在世界历史中得以实现。[2]

然而，通过片面地强调自由的条件的一个方面，卢梭没能克

---

[1] G. W. F. Hegel, *Vorlesungen über die Geschichte der Philosophie* in *Sämtliche Werke*, ed. Georg Lasson (Leipzig: Felix Meiner, 1932), Band 17, 201.

[2] See G. W. F. Hegel, *Vorlesungen über die Philosophie der Weltgeschichte* in *Sämtliche Werke*, ed. Georg Lasson (Leipzig: Felix Meiner, 1920), Band 9, 178.

第四章 黑格尔式的和谐与天使之笑

服内在于这两个原则之冲突中的悲剧性结构。对黑格尔来说，卢梭理论的片面倾向，既表现在他的基于共同体团结原则的身份概念，也表现在他对作为集体自决的自由的理解上。黑格尔认为，就前者来说，身份的概念必须同时包含自己和自身内的他者。换句话说，在我们身份的形成过程中，我们必须把他者对我们的看法结合进来。用卢梭哲学的术语来说就是，我们既不可能将自我概念建立在自爱（简单的自我反思）之上，也不可能将其建立在自尊（别人的反应）之上。

黑格尔在著名的主奴辩证法中，一开始便探讨了意识的这个方面。[1] 黑格尔告诉我们，"当自我意识为他人而存在时（也就是说，它只是由于被别人知会而存在）——也正是因为它为他人而存在，它才是自在自为的存在"。[2] 在《精神现象学》的语境中，黑格尔的分析致力于表明，对于一种融贯一致的自我身份概念来说，社会的背景和社会的本体论是必要的。因为卢梭的自爱概念包含了这样一个理念，即个体身份在这种背景之外的绝对存在，所以，它不能作为自我意识的一个适当基础。换句话说，甚至自爱所表达的自我确定观念，也是需要社会认可的。因此，就其仅仅强调了个人的"自在"存在而言，卢梭对自爱的理解是片

---

[1] 黑格尔也许是从卢梭的名言中发现了主奴间关系之辩证性突变的起源。"L'homme est né libre, et par-tout il est dans les fers. *Tel se croit le maître des autres, qui ne laisse pas d'être plus esclave qu'eux*"（人是生而自由的，自以为是一切的主人的人，反而比一切更是奴隶。）(*Oeuvres complètes*, ed. B. Gagnebin and M. Raymond [Paris: Gallimard, 1959-1969], iii 351) 然而，正如我们看到的，隐含在黑格尔分析中的，是对卢梭身份和意识概念的批评。

[2] G. W. F. Hegel, *Phenomenology of Spirit*, trans. A. V. Miller (Oxford: Oxford University Press, 1981), para. 178. Cited below as *PH* using Miller's paragraph numbers.

面的。然而，卢梭的自尊概念同样是片面的。用黑格尔的话来说，它强调无"自在"的"自为"存在。通过借助他人对我们的评判来评判自己，我们失去了自我肯定，并变得仅仅是他人意识的对象。

虽然卢梭肯定地意识到了隐含在自尊中的疏离，但是，黑格尔对于他的如下主张仍然是持批判态度的：为了克服政治背景下的自我疏离，个人必须依据共同体团结的原则来界定自我。对黑格尔来说，人类并非如此脆弱，以至于需要在国家和他人的评判中二者选一来界定自己。事实上，要是说个人若不完全认同于卢梭的共同体，就得仅仅依靠别人的判断来界定自我，这种说法（1）严重地简化了复杂的社会交互行为，而个人正是在这种交互行为中获得了自我的概念；（2）由此而高估了人类实现自由的障碍，这种自由是由现代社会中个人的自我定义能力来界定的。

在分析卢梭关于作为集体自我认同的人类自由观时，黑格尔再次批评了他这种立场的片面性。在黑格尔看来，卢梭对个人主观认同的描述——个人是与作为整体的共同体不可分离地联系在一起的——在如下意义上是抽象的：作为一种纯粹的理想，它在现实世界中没有外来的补充。然而，黑格尔宣称，如果有人试图将卢梭的理想运用到现实世界，结果将会是灾难性的。那种尝试将会产生一种消除了所有差异性和特殊性的状态。事实上，黑格尔相信，法国革命时期的恐怖正是一种将卢梭的"理想"运用于现实的尝试——一种既消除共同体意志中的所有差异性，也消除国家结构中的所有特殊性的尝试。因此，黑格尔在《法哲学原理》中写道："当卢梭的抽象结论付诸实践时，它们将在人类历

第四章　黑格尔式的和谐与天使之笑

史上首次呈现如下的宏伟奇观：人们推翻了一个伟大的现实国家的构成，而单单按照纯粹的思想将其彻底重建"（*PR* 258）。在卢梭思想的基础上，革命者的"试验以极端的恐惧和惊怖而结束"（*PR* 258）。在《精神现象学》中关于"绝对自由"的讨论里，黑格尔考察了按照革命恐怖主义而理解的卢梭自由观的后果。

黑格尔论证说，在取代旧制度时，革命恐怖主义希望通过共同意志的行动来创建一个完美的社会（*PH* 355）。通过他们的共同行动，所有公民都逐渐地意识到了他们个人意志与国家公意的统一。对黑格尔而言，这种统一的意识表达了他所说的"绝对自由"的意识，这种意识"以这样的方式而产生：每个个人的意识将自身提高至它所被分配到的领域之外，不再在特殊的领域中发现其本质和作用，而是将所有领域作为这种普遍意志的本质来把握。"（*PH* 357）

一旦每个个体"将其人身和所有力量置于公意的至高指引之下"，并成为"整体不可分离的一部分"，那么，每个个体意志的无限力量，将变成一种没有任何阻碍的绝对自由，无论在真实的或超感知的世界中（*PH* 356）。绝对自由不承认自身之外任何有意义的现实。它的意志甚至不会受到他人意志的牵累，因为它是普遍性的意志，并因此而是其他所有意志之统一体的意识。现实在作为中立对象之领域的绝对自由面前延伸开来（那些对象可以依据它的意志而加以制作和塑造），因为绝对自由就是作为所有现实之本质的它自身的意识。用黑格尔的话说就是，"对绝对自由来说，世界只不过是它自己的意志，而这是一种普遍的意志"（*PH* 356）。

当普遍意志被带入意识中时，绝对自由不可能容忍社会差异，因为它是无差别整体的意志："它的意志是每一个人格之本质的自我意识，因此，每一个与整体不可分离的个体总是在做每一件事。表面看是整体所为的事情，实际上是每一个人行为的指向和意识"（*PH* 357）。由此，所有形式的社会差异都被看作绝对自由之意志的障碍，并且必须被摧毁，因为它"不能让任何事物脱离自己，以致成为一个起而反对自己的自由物体"（*PH* 358）。结果，"所有的社会团体或阶级都要被废除"（*PH* 357）。这些社会团体和阶级被看作各种派系，它们阻止了绝对自由之意志的普遍表达。因此，传统上基于阶级和等级的法国社会组织，就在绝对自由的权力下轰然倒塌了（*PH* 357）。

正如它不允许国家内部的任何分裂一样，它也不允许个人将自己让渡给国家。如卢梭所言："由于主权只不过是公意的实践，它永远不可能被让渡；由于主权仅仅是集体性的存在，它就只能被自己所代表"。（iii 368）作为主权之"集体性存在"不可分离的一部分，每一个人必须直接参与立法。这些个体既不可能被代理人代表，也不可能被他们对法律的同意这一单纯的"理念"所代表。在意识到了卢梭的理论后，黑格尔论证说，绝对自由的意志是一个单一的（现实）意志，由所有意志的统一所构成："在普遍意志能够做出行动之前，它必须将自己集中于个体之上，并将个体的自我意识置于首要地位"（*PH* 359）。对黑格尔来说，只要这种集体自我意识否认自身之外的他者的存在，它就会极度地自相矛盾。正如我们所看到的，没有对他者的承认，卢梭共同体的集体意志就会不可避免地崩溃。

第四章　黑格尔式的和谐与天使之笑

在追溯隐含于卢梭自由理念中的毁灭的内在逻辑时，黑格尔开始先审查了如下主张：作为共同体自我意识的单一意志，普遍意志（general will）在立法过程中必须只代表自身：

> 自我意识既不能由服从自我给定的法律的单纯观念（这一观念使其仅仅成为总体的一个部分）来使其自身无法触及现实，也不能由立法和普遍的行动来实现。那种现实体现的是它本身对法律的制定，以及对普遍性工作本身（而非特殊工作）的完成。因为，当自我仅仅是被代表，并且只被呈现为一种理念时，它就不是真实存在的；当它由代理人所代表时，它就根本没有被代表（PH 359）。

因为每个人都是所有意志的统一体中不可分离的一部分，个人就不可能将自己与国家的单一意志相脱离。根据革命恐怖主义的逻辑，那些坚持将自身与其特殊意志而不是普遍意志相认同的个体，必须要被毁灭。通过将自身从国家意志的单一自我意识中分离出来，他们就成为绝对自由之意志的一种障碍。由于它只将自身视作一种普遍意志，绝对自由的意志就必须消灭所有的特殊性。黑格尔言简意赅地指明，通过消灭特殊性，"绝对自由因此移除了普遍意志与个人意志之间的对立"（PH 363）。

在绝对自由之意志的实行中，毫不令人惊奇的是，那些将自己与其自身特殊意志相认同的个人都会被置于死地。通过把他们与社会整体相分离，他们就失去了自己作为人的价值，因为他们的价值只有在与整体的关系中才能获得（iv 196）。作为分散的、拥有特殊意志的个人，他们无须被作为目的本身而加以尊重。他们因此可以被毫不犹豫地毁灭，因为他们并不比自然界中的任何中立事物拥有更多的内在价值。一旦失去其作为人的价值，他们就可以被置于死地，"这跟砍掉一棵白菜帮子或喝一口凉水没有多大区别"（*PH* 360）。

根据黑格尔的观点，由普遍意志所表达的法律，只有通过法律的执行才能得以实现；也就是说，为那些以普遍形式所表达的法律赋予内容的，是那些由政府授权去将法律应用于现实条件的人。作为拥有行政权力的政府（iii 395）"自身不过就是普遍意志自己树立的焦点，或者说普遍意志的个体性"（*PH* 360）。

作为个体，政府执行的是一种来自单一立场的法律。因此，黑格尔宣称，政府仅仅是一个由国家的全部力量所授权的派系（*PH* 360）。因为政府规定了公意的实际内容，那些反对其政策的人被视为"包藏了特殊性"。因此，任何对国家的反对都必须被消灭。公意要求所有公民去支持国家的行为，因此，对国家行为的反对，哪怕是出于良心的"个人"行为，也被视为犯罪。一个人把他与自己的良心等同起来，就是使自己与国家相异。由于这种异化可以被藏在个人的内在意志里，国家的行政权力就会把它的所有臣民都看成潜在的敌人。在那样的制度下，没有人能够免于死亡的恐怖。事实上，在提到革命恐怖主义时期著名的嫌疑犯时，黑格尔告诉我们，"成为嫌疑犯的意义和作用，就在于产生负疚感"（*PH* 360）。

最终，在行政权力看来，"公民意志在主权公意中的统一"就成了特殊意志的聚合。与此同时，行政权力本身就是一个宣布自身具有普遍性的特殊意志（派系）。结果，行政权力的公意试图消灭它怀疑隐藏在主权中的特殊性，而主权的公意则试图推翻它所认为的行政权力的特殊意志（*PH* 360）。黑格尔得出结论说，无论从哪方面来看，革命恐怖主义只会产生毁灭。

以这种方式，卢梭带入意识之中的东西——建立在公意理念基础上的国家概念——在实践中体现为那些以恐怖和毁灭告终的大革命原则。对黑格尔来说，卢梭最为根本和悲剧性的错误，在于否认了"特殊性"的尊严。也就是说，他批判卢梭的理论，是因为它剥夺了个人特殊意志——他们的个体自由——的表达。

尽管如此，对于卢梭许多反对片面强调个体自由而排斥道德和政治自由的论证，黑格尔还是表示赞同的。例如，黑格尔宣称，如果个体不能认同国家的普遍意志，国家本身就成为某种"异化于"他们的事物。用他的话来说，如果个人不能从体现在国家普遍意志中的同一性（辩证的统一）中认出他们自己的意志本质，个人就是异化于国家的。通过把这种普遍意志看作不同于他们自己意志的他者，当个人在社会中外化自身时，他们在此过程中就体验了作为自我认识或自我认同之丧失的异化。

由于没有认同国家的普遍意志，个体愈发地"生活在自身之外"。事实上，对黑格尔而言，那种个体所组成的社会，所包含的不过就是"纯粹多样性的个体原子"而已。除了他们的法律地位和权利外，他们无法根据其他关系来界定自身（*PH* 481）。在他看来，这样的权利仍然是"抽象"的，因为它们没有使个人成为国家的确定公民。通过这种方式，国家的境况同样是"异化于他们并且没有灵魂"（*PH* 481）。由于他们不把自己认同为公民，那些个体无疑可以自由地用其微小和平庸的利益来充斥自己的灵魂，并且专注于对幸福的私人追求（PH 481）。事实上，如果除了对他们自由的简单保护以外，个人与国家就再无其他关系，则他们就"从自己的原子性之顽固的僵化性中，排除了任何与其他事物的连续性"（PH 482）。因此，作为没有灵魂的世界中的没有灵魂的生物，他们生活的目的，就只不过是为了自己私人目标的自我消解式的快乐。

在黑格尔看来，那些拥护这种观点的自由主义者犯了一个根本性的错误，就是混淆了国家与市民社会。他们由此而将"个人自由作为团体的终极目的"来加以崇尚，并将"国家中的成员身份"视为"某种可选择的东西"（PR 179）。然而，对黑格尔和卢梭来说，"国家和个人的关系是完全不同于此的"（PR 258）。他们论证说，只有当个体将自己的意志等同于国家的普遍意志时，他们才能克服其自我异化，并建立起同其他人的本质性统一。

但是，黑格尔宣称，为了克服异化，人们不必否定人类特殊意志的表达。个人可以既认同于国家的普遍意志，又无须将他们的个人意志湮没于国家的"普世"（普遍）意志之中。事实上，他论证说，只有当普遍性取代而非消灭了特殊性的存在时，普遍性与特殊性的统一才能达到。因此，在概念层次上：

> 普遍性并非外在于特殊性，二者是并置的；在它们的对立中，普遍性自身就是特殊性，它总是既是自身又是它的他者。类似的，特殊性只有通过将自身与普遍性相对照，才成其为特殊性。现在，这种对照是对特殊性的否定，并因此以

否定之否定的方式回归到了普遍性。[1]

在一个客观的层面上，普遍性与特殊性在如下时刻达到了统一：作为国家的臣民，个人在市民社会中表达他们的特殊利益，但作为公民，个人则认同于国家的普遍利益。通过这种方式，黑格尔试图克服卢梭及其自由主义批评者都曾提出的片面立场。由此，在他自己的国家概念中，黑格尔试图阐明能够解决个人自由和政治自由之间悲剧性对立的条件。

第二节　黑格尔对冲突的喜剧性终结

在他对伦理生活的分析中，亦即客观精神发展的第三个和最后一个阶段，黑格尔宣布说，个人自由与政治自由在其普遍性与特殊性之中达到了和解。这种和解无疑标志着他的哲学喜剧达到了一个高潮。根据统一与和谐的精神，黑格尔写道：

> 国家是具体自由的现实。但是，具体的自由在于，个人的个性及其特殊利益不但完成了他们的全面发展，并获得了对其权利的明确承认，而且，他们既能够抛弃自己的个人利益而寻求普遍利益，也了解和愿意接受普遍性。现代国家的原则有着伟大的力量和深度，因为它允许主体性原则在个人独立自主的特殊性中达到顶点，同时又能将其引回到实体性

---

[1] Jean Hyppolite, *Genesis and Structure of Hegel's Phenomenology*, trans. Samuel Cherniak and John Heckman (Evanston, Ill.: Northwestern University Press, 1974), 147.

的统一，并由此而维护这种统一。（*PR* 260）

对黑格尔来说，现代国家的结构为个人创造了条件，使其无论作为与市民社会有关的主体，还是作为与政治国家有关的公民，都能够有"在家"的感觉。

黑格尔解释道，在市民社会中，个人表达了他们的特殊意志。事实上，"通过他们作为市民的能力，这种个人被看作以自己利益为目标的私人个体"（*PR* 187）。通过不断努力满足自己的"自私目的"，市民社会中的个人可以"自由地"通过其劳动获取被定义为自己欲望对象的任何东西（*PR* 183，194）。在这个阶段，市民社会陷入了"一切人反对一切人的战争"；在这场战争中，个人尚未能够把握住建立在理性意志基础上的自我概念。"个人感觉到，他们的需求、满足、私人生活的愉悦和舒适是绝对的目的。这表现出他们对精神的本质和理性的目的缺乏了解"（*PR* 187）。每个人都把他者视为外在之物，视为满足他或她特殊需要和欲望的障碍。在这场一切人反对一切人的战争中，"由于特殊性自身尽量在一切方面满足自己的需要，包括它的偶然任性和主观的偏好，它在自我享受的过程中毁灭了自身。伦理秩序的体系被分裂到了极端的状态，并由此而丧失掉了"（*PR* 185 - 184）。然而，黑格尔宣称，在他们为获取这种欲望对象而与他人进行的斗争中，这些个体的需要及欲望的满足逐渐变得依靠于他人。因此，就像亚当·斯密的"看不见的手一样"，"理性的狡黠"创造了一些条件，在这些条件之下，每一个为特殊目的而努力的个体，都变成了满足其他人目的的手段（*PR* 199）。"每个特殊个体与其他特殊个体是如此紧密地相互关联，以至于每一个人都要借助他人来构建自己并获得满足"（*PR* 182）。通过市民社会中彼此之间的关系，一种"普遍的形式"就由此而得到了采用："在自私目的之实际达成（一种由普遍性所限定的达成）的源头中，形成了一种完全相互依赖的体系，在其中，一个人的生活、幸福和法律身份，同所有人的生活、幸福和权利都相互交织在了一起。"（*PR* 183）。

尽管他们的意愿在形式上是普遍的，但市民社会中的个体仍然只认同于其自身的特殊性：他们将自己认同于体现在其阶级中的特殊工作，认同于建立在司法管理之上的特殊权利，认同于由他们的合作所促进的特殊利益。在这个阶段，社会整体的普遍利益还不是个人自我意识的一部分。相反，他们把这种普遍利益看作外在于自身的事物，视其为实现他们特殊意志的障碍。因此，市民社会中仍然存在着公共利益与私人利益之间的对立。

在黑格尔看来，只有在国家之内，才能最终建立起普遍性和特殊性的本质性同一。他坚持认为，与市民社会中的个人的自我概念不同，"国家是一种外部必然性和更高的权威；它的本质就在于，法律和（个人）利益从属于并依赖于国家。然而，另一方面，国家又是他们所固有的目的，它的力量在于其自身的普遍目的与个人特殊利益之目标的统一"（*PR* 261）。正如前面所指出的，国家在克服市民社会时，并没有完全消灭它的存在。相反，"对于在国家之内所发现的统一性来说，特殊性的环节是必不可少的"，因此，"特殊利益不应该被弃之不顾或彻底压制；相反，它们应该与普遍性相协调，由此，特殊性和普遍性就都得到了维护"（*PR* 261）。

Culture 悲剧与拒绝：西方政治思想中的差异政治

黑格尔认为，我们可以在人类本性的两个极端里发现"精神"（Geist）：一方面是它们"清晰的个体性"，另一方面是它们的"普遍性"（*PR* 264）。虽然"清晰的个体性"能够在市民社会中找到，但它必须在普遍性中与个人对自我的意识统一起来，而这只有通过政治体制的成员身份才能达到（*PR* 258，264-267）。一方面，黑格尔相信，这些体制将会维系和保护市民社会中个体的特殊利益。另一方面，他又声称，通过政治体制，公民将会同时把自己认同于国家的普遍意志。

当然，与卢梭不同，黑格尔对直接的政治参与进行了著名的批判。在他看来，那种"共和主义"的"人民主权"观，是建立在让"无形大众"去治理国家的"疯狂想法"基础上的（*PR* 279）。正如人们可能怀疑的那样，黑格尔所阐明的政治体制的标志，不是"人民"的无差别统治，而是差异性。这些政治体制的基本特征包括：（1）在世袭基础上的君主立宪制，其功能是为国家的政策法律的最终实施提供正式批准；（2）一种由庞大的公务员官僚机构所组成的行政权力，这些官僚的阶级利益与整个共同体的利益是等同的。（3）一个按阶级划分的等级制立法会议，其关注的目标是制定协调国家与市民社会各自利益的法律（*PR* 273）。据说，通过王权、行政机构和立法机构活动的结合，精神就在国家中得到了完全的实现（*PR* 258）。黑格尔相信，随着精神的这种实现，真正的人类自由在世界上将最终成为现实。

面对卢梭最初的挑战，黑格尔得出结论说，通过这种方式，个人将自己同时界定为人和公民；他的职责和偏好得以和解，他同时为自己和其他所有人的事业做出了贡献。在其抽象存在中，个体什么也不是，但作为体现精神之理性意志的国家的一员，他是确定性的、现实的、具体的和自由的。

第三节 天使之笑

当然，对黑格尔的统一性思想，许多当代思想家都提出了挑战。有些人，如以赛亚·伯林，认为黑格尔并非在调和个人自由（liberty）与政治自由（freedom）之间的冲突，而是以偏赅全地将普遍性置于特殊性之上，把国家置于个体之上，把积极自由置于消极自由之上。通过这种方式，伯林质疑了黑格尔解决方案之精神过于简化的方面。在他看来，这种解决依赖于黑格尔的如下信念：存在一种具有特权地位的哲学语言，它规制和吸收了先前所有的道德词汇。这种语言可以把那些词汇转化为自己的术语，而不减少其含义或意义。黑格尔相信，破译了这种语言后，当精神在他的思想中充分实现了自身时，他就可以最终一劳永逸地把握住精神的辩证运动。用黑格尔的话来说：

> 所有的哲学体系都不过是在反映这种活生生的存在的形象。这种活生生的精神力量在自身内运动、激荡，并在一个包含了丰富的层次和环节的有机体系之中、在一个整体之中实现了自身。哲学就是对这种发展和这种思想发展自身的理解，因为能被理解的正是思想。[1]

---

[1] G. W. F. Hegel, *Vorlesungen über die Geschichte der Philosophie* in *Sämtliche Werke*, ed. Johannes Hoffmeister (Leipzig: Felix Meiner, 1938), Band 15, 27.

Culture 悲剧与拒绝：西方政治思想中的差异政治

通过运用他的作为自我实现的自由概念中的"精神自身的词汇"，黑格尔因此强调了，相对于仅仅是"经验的"自我来说，"现实的"自我具有优先性的地位。然而，黑格尔的这种等级化地建构起来的词汇，使得后者的主张从属于了前者的语言。"这种神奇的转变或巧妙手法"，伯林认为，是建立在黑格尔那种作为内部分裂的自我概念基础之上的。那种内部分裂的不确定影响在随后的论证中可以被发现。在那种论证中，黑格尔能够据此将我们的人格分裂为高级的"超越的、主导的控制者"和低级的"需要受到规训管制的、经验性的欲望激情的汇聚"。[1]

同样的从属和简化策略也出现在了政治层面上。在那里，黑格尔的"真正"自我概念膨胀为了超个人的精神实体。在这方面，黑格尔关于现实的语言并不是精神最后的表达。相反，精神自身只是反映了黑格尔的"真正"自我的观念。因此，和后一个概念一样，黑格尔那种作为自我控制的积极自由概念之所以能达到它所宣称的和谐，只是因为它从一开始就贬低个体自由的内容。如果你想在黑格尔的国家中获得"真实的"或"真正的"自由，你就必须克服自己的"低级"、"经验"的"特殊性"欲望，而去认同于"高级的"，"更真实的"、"普遍"利益。对伯林而言，在现代极权主义政权的崛起中，我们可以发现认同国家普遍意志的后果。

在一个极为不同的哲学关键处，卡尔·马克思也质疑了黑格尔在国家讨论的结尾处所发现的解决方案。然而，马克思没有声

---

[1] Isaiah Berlin, "Two Concepts of Liberty," in *Four Essays on Liberty* (New York: Oxford University Press, 1969), 134.

称普遍性消融了特殊性,而是论证说,普遍性不过是为国家中各种特殊性之统治进行服务的意识形态面纱。那些特殊性就是支配了君主、特权阶级和官僚的特殊利益。

举个例子,马克思把黑格尔的官僚视作市民公会的政治对应物。在市民社会中,那些市民公会是因其特殊目标而相互依赖地捆在一起的普遍性实体。受到特殊性的激励,每一个成员都认同公会的普遍利益。同时,体现在公会中的普遍性,是根据它的集合体的特殊利益来定义的。在这点上,作为一种政治团体,官僚机构把国家的普遍目标转化为了个体和制度层面上的私利诉求。"对个体官僚来说,国家的目的变成了他的私人目的:对更高职位的追逐,对个人职业的追求"[1]。在集体层面上,国家自身的普遍利益变成了官僚机构的私利(即在其自身掌握之中的国家利益)。通过这种方式,公会(在市民社会中相互依赖的私人利益的联合)就扮演了官僚机构的民间对应部分,而官僚机构则扮演了公会的政治对应部分。

然而,与此同时,官僚机构和市民公会代表了对立的形式,并因此构成了马克思所说的,国家与市民社会双重性之制度化的一个特例。他宣称说,以政府结构中的这种双重性为例,作为特权阶级在议会中的代表,地产和商业阶级的成员必须同时认同他们私人的阶层利益和国家的普遍利益。在马克思看来,这种结构上的矛盾仍然潜藏在黑格尔憧憬的统一性表面之下。他总结说,

---

[1] Karl Marx, *Kritik des Hegelschen Staatsrechts* in *Historisch-kritische Gesamtausgable* [*MEGA*], ed. David Rjazanov (Berlin: Marx-Engels Verlag, 1932), Band I (1), 507.

Culture 悲剧与拒绝：西方政治思想中的差异政治

尽管黑格尔的哲学声称实现了统一，但在这种哲学里，无论是在个体层面上的人与公民之间，还是在制度层面上的市民社会与国家之间，它们的"根本"的矛盾仍然没有得到解决。

用其最一般的形式来表达，"黑格尔的根本错误"，马克思告诉我们，"在于把表面上的矛盾看作本质上的、理念中的统一。但是，这种本质中确实有某种更为深刻的东西，就是本质性的矛盾"。[1] 马克思相信，黑格尔对统一性的论述没有解决这些根本矛盾，相反，它仅仅是掩盖了社会政治世界中真正起作用的对立性力量。

尽管马克思和伯林之间有着诸多明显的差异，但他们都挑战了黑格尔的统一图式。后者说，特殊性被普遍性消融掉了；前者说，普遍性被特殊性吞没了（但并未被消化掉）。对两人来说，黑格尔的国家并没有成功完成它寻求的对两种自由的喜剧性解决。

为了反对黑格尔哲学的总体化方面，米兰·昆德拉指出了所有以喜剧形式克服人类悲剧的尝试所固有的危险：

> 人们总是向往田园生活，向往夜莺鸣唱的花园，向往一个和谐的领域，在那里，世界并不是与人对立的陌生事物，人与人之间也不存在对立；这个世界及其中所有的人，都由一根单一的砧木模制而成，而点亮天堂的火焰正是人们胸中

---

[1] Karl Marx, *Kritik des Hegelschen Staatsrechts* in *Historisch-kritische Gesamtausgable* [*MEGA*], ed. David Rjazanov (Berlin: Marx-Engels Verlag, 1932), Band I (1), 510.

燃烧的火焰；在那里，每一个人都是辉煌的巴赫赋格曲中的一个音符，而任何拒绝成为音符的人则只是一个小小的黑点，无用而且毫无意义，像一只昆虫轻易地被人们捉住，并在指间捏碎。[1]

按昆德拉的说法，伦理整体的深层乐趣在"天使庄重的笑声"之中得到了回应，那些天使永恒地表达着他们的团结和欢乐（233）。然而，当他们完全被说服，相信他们的思想是由理性的必然性所引导时，这种神圣的笑声和欢乐预示了"天使——狂热分子的狂放的笑声，他们如此深信他们的世界的意义，以至于他们准备吊死任何不去分享这种欢乐的人"（233）。在这种神圣笑声的回声中，西方政治理论传统无疑已经经历了天使给它带来的问题。

---

[1] Milan Kundera, *The Book of Laughter and Forgetting*, trans. Michael Henry Heim (London: Penguin, 1978), 8.

第五章

批评家的狂欢节：反讽和后现代的性情

在超越黑格尔的关于绝对的逻辑去思考时，许多后尼采时代的人所提供的，可以恰当地被描述为对个人自由（liberty）和政治自由（freedom）之间冲突的讽刺性回应。这种讽刺寄生于黑格尔的喜剧性解决方案之中，它扮演了破坏对圆满结局之承诺的角色。通过扰乱语言交流的明晰度——这是喜剧所寻求建立的，它借由戏仿（parody）实现了这种扰乱。事实上，"正是通过挫败对于无论传奇、喜剧或悲剧所提供的各种结局的通常期望，讽刺达到了它的效果"。[1]

在我们到达我们主题的核心之前，在米歇尔·福柯的作品中对讽刺理念进行刻画，或许是更为深入地考察这一理念的明智方法。与其他任何后现代思想家相比，福柯更为一致地发展了尼采对作为整体的历史之批评的含义。例如，他在反对黑格尔的喜剧性结局时宣称，在时间的终结之处，没有能够使历史整体融贯一致的结

---

[1] Hayden White, *Metahistory* (Baltimore: Johns Hopkins University Press, 1973), 8.

第五章　批评家的狂欢节：反讽和后现代的性情

局。"19 世纪一般被认为发现了历史的维度"，他告诉我们说，"但它只是在循环的基础上才做到了这一点。这种循环是一种空间形态，在其中，诸神展现了它们的驾临和离去，而人类则展示了他们对有限性之天然基础的回归"。[1]

在他的文章《尼采、谱系学与历史》中，福柯表明，他自己的史学可以被解读为尼采《不合时宜的考察》中突显出的不朽的、古老的和批判性形式的模仿复制品。[2] 正像我们将会看到的，用福柯的话来说，不朽的变成了闹剧的，古老的变成了分离（dissociative）的，而批判性的则变成了牺牲的。

他在开始论述时指出，不朽历史为其困惑和匿名的读者提供了替代性的身份。它向他们提供了从过去中提取出的伟大性（greatness）之原型。通过将过去调换为其讽刺性的他者，福柯分析中的过去就由此而变成了一场化装舞会，一个"指向我们自身之虚幻"的面具和"短暂的道具"的陈列（*NGH* 161）。正像尼采在《善恶之彼岸》中所说：

> 新的史前和外国的玩意一次次被试穿、穿上、脱下、打包带走，以及最重要的，被加以研究。我们是第一代真正去学习"服装"的人——我指的是那些道德、信条、艺术品味和宗教。我们以前所未有的方式准备了盛大的狂欢，准备了

---

[1] Michel Foucault, "The Father's No," in *Language, Counter-Memory, Practice*, trans. Donald Bouchard and Sherry Simon (Ithaca, N.Y.: Cornell University Press, 1977), 85.

[2] Michel Foucault, "Nietzsche, Genealogy, History," in *Language, Counter-Memory, Practice*, 139–165; cited below as *NGH*.

最神圣的狂欢的笑声和高昂精神，准备了世界上最大的胡言乱语和阿里斯托芬式的嘲笑。也许，我们仍将会在这里发现我们的发明的领域。在这个领域中，我们还算是有原创性的——比如说，作为世界历史的仿制品和上帝的疯狂小丑。或许哪怕今天的任何东西都没有未来，我们的笑声也可能还是有未来的。[1]

福柯不是去认真对待这场游戏，而是与尼采一起去催促历史学家通过"拿起它的伪装"和"重振历史的滑稽"来享受这场化装舞会（NGH 161）。

与不朽的目标形成对照的是，"古老的历史"不是指过去的那种独特的和实质性的品质，而是指"我们的现在扎根的土壤、语言和城市生活的延续性"（NGH 162）。作为那种历史的戏仿式复制品，福柯的研究追溯了分散在我们的话语实践和文化传统中的间断和异构体系。通过探索过去具体形势中的断裂、撕裂、缺口和空隙，他的历史就这样将整体的转变为了分离的。[2]

最终，通过提供一个批判性历史的戏仿复制品，福柯批评了那种以科学知识和真理之名而将过去定为不正义的判断。他告诉我们，这种判断不过是"人性用来保护自己的有效幻象"（NGH 163）。对福柯来说，在话语中起作用的，就像在其他每件事中起

---

[1] Friedrich Nietzsche, *Beyond Good and Evil*, trans. Walter Kaufmann (New York: Vintage, 1989), no. 223.
[2] 福柯拒绝应当给予历史的断裂性独有的重视这一主张。但是，在跟踪我们文化传统与实践中的断裂性时，福柯仍然采用了由尼采首先提出的考古学和谱系学方法。

第五章　批评家的狂欢节：反讽和后现代的性情

作用的一样，是"欲望和权力"的使用。[1] 然而，为了使欲望和权力的目标得以实现，话语必须忽视它在它们之中的基础。也就是说，它必须向它自己掩盖这是对它们的展现这一事实。但是，通过将这种掩盖看作掩盖，福柯的对批判性历史的戏仿复制品就牺牲了历史学家的求知意志。在这方面，借由如下这个尼采首先提出的问题，他直面了现代理性主义的形而上学基础（求知意志）："如果神圣和真理的等同变得越来越不可信将会怎样，如果唯一仍被视为神圣的东西实际上是错误、盲从和谎言又会怎样，如果上帝本人（真理）被证明是我们最长久的谎言又该怎么办？"[2]

在《查拉图斯特拉如是说》第五卷的结尾，尼采的诗人召集了一场弃儿的狂欢，那些人上演了《最后的晚餐》的戏仿版仪式。在节日的最后，孤独的诗人眼中饱含喜悦的泪水，跳起舞来。[3] 这个节日的意义不仅仅存在于它对于基督教义明显的讽刺性颠倒之中。也许更为重要的是，它标志着我们相信这个世界固有秩序和伦理整体之能力的结束。事实上，它似乎表明，作为一种文化，我们没能以喜剧的高昂精神来维持我们的信仰，那种精

---

[1] 像尼采一样，福柯认为，权力的运作以多重的转移形式分散于整个生命之中。在他看来，试图以简单的体制概念来定位权力是一个错误。所有的关系都是权力与欲望的关系，这些关系需要根据其具体的、不同的表现进行分析。作为一个权力分散的例子，参见福柯在《规训与惩罚》(Paris: Gallimard, 1975) 中对由19世纪监狱的"人道主义"所产生的权力和控制的增加的评论。

[2] Friedrich Nietzsche, *Genealogy of Morals*, trans. Walter Kaufmann (New York: Vintage, 1958), 258. On this point, see Foucault's "A Preface to Transgression," in *Language, Counter-Memory, Practice*, 30–33.

[3] 对于这一情节的一种诠释（其中强调了它的风格里的戏仿元素），参见 Gary Shapiro, *Nietzschean Narratives* (Bloomington: Indiana University Press, 1989), ch. 4。

神在黑格尔的哲学中经历了它的主显节（epiphany）。

当然，福柯不是唯一一个值得被收入尼采的批评家狂欢节的战后作家。让-保罗·萨特和雅克·德里达无疑分享了尼采对喜剧性整体原则的讽刺态度。但是，正如我们将要看到的那样，如果说萨特早期的存在主义作品可以被精确地以讽刺或戏仿的方式加以描述，那么，或许德里达的作品最好应该被作为自我戏仿的艺术来理解。

第一节　萨特的讽刺

对于萨特，人类现实（Dasein）是一场绝望的物质斗争，其目的是获得在物质世界中所发现的可靠性。萨特区分了自在存在和自为存在。两者分别被转换成了《存在与虚无》中的基本比喻。[1] 自在存在描述的是物质性（thinglike）的存在。萨特告诉我们，物质性的存在是稳固的和统一的，但它缺乏意识。与此相反，自为存在描绘的是意识性的存在。在描绘后一种存在形式时，萨特采用了两种不同的比喻策略。与自在存在的稳定性相反，他经常把意识存在描绘成一种关于世界的易变和闪烁的认知，以及一种半透明和晦暗的炼金术。在这两个比喻策略中，萨特都把自为存在表述为缺乏物质性（quality of thingness）的事物。

对萨特来说，"设想人类现实之基本规划的最佳方式，就是

---

[1] Jean-Paul Sartre, *L'Être et le néant* (Paris: Gallimard, 1943); cited below as *EN*. In translating this work, I have relied on Hazel E. Barnes's edition of *Being and Nothingness* (New York: Washington Square Press, 1966).

去说人类是一种其目的是要成为上帝（God）的存在"（*EN* IV. 1. iii）。这是一种作为存在（既是自在的也是自为的存在）去达致上帝的总体性的斗争。因此，"成为一个人就意味着向成为上帝迈进，或者，如果你愿意这么说的话，人类从根本上说，就是成为上帝的渴望"（IV. 1. iii）。但这是一场注定要失败的斗争。用《存在与虚无》最后一部分结尾的话来说："人类是一种无用的激情。"（IV. 2. iii）

尽管人类一直努力要成为神，但从来没有实现他们的计划。相反，萨特认为，正是自由本身的条件带来了人类现实的失败。对萨特来说，自由被严格地等同于了虚无。"唯一能被称为自由的存在"，他告诉我们说，"就是使其自身的存在虚无化的存在"（IV. 1. iii）。自由被定义为位于存在之核心的虚无（le néant），它是作为虚无的意识的创作冲动。在时间的层面上，这种虚无是时间的意识。正像萨特在他的著名论断中所说的，自为存在"绝不会是它过去曾是的样子，将来也不会是它现在的样子"（IV. 1. iii）。因此，它是一个"偏离了"主题的存在。他声称，以其品质而言，意识的虚无精神再次引导自为存在脱离了任何可以锚定的固定中心或坚固基础。

为了说明后一种观点，考虑一下萨特之前在《存在与虚无》中关于存在品质的讨论中所影射的第二个比喻策略。在那里，自为（pour soi）被比喻成那穿过一条黏稠且泥泞的小河的纯净水的透明虚无。在他对黏稠（visqueux）的讨论中，萨特把自由的规划比喻成从罐子里获取蜂蜜。他告诉我们说，如果我把手指伸进蜂蜜罐子，蜂蜜易变的特点会使它变形。但也正是这种特点，使得我无法完全按照我的自由而利用它。当我想摆脱它，它却黏住留在上面了。"它是一个柔软的、易弯曲的动作，潮湿的和如女性吸吮般的动作，它昏暗地生活在我的手指下，我对它的感觉就像眩晕"(III. 2. iii)。[1] 摇曳在这个充满被过度决定的意义的浑浊世界里，自为存在永远寻求以其行动来定义自身，寻求把人类现实那厚重和黏稠的语言塑造成其自由的清晰视野。

当然，应该注意的是，萨特对自由这一术语的使用并不总是前后一致的。例如，在《存在主义是一种人道主义》中，自由似乎是与如下的康德式理念联系在一起的：自由就是个人的自治，这种自治把个人界定为有能力为自己决定道德行为的绝对目的。而在他的早期作品中，自由也带上了些许不同的美学品质。它是生活艺术的自由表达，是作为人性投射的世界创造。相反，在《什么是文学？》中，萨特声称，正如人类自由的目标是生活的艺术，艺术的目标就是去发现自由的人类现实。[2] 最后，在我将要提到的作品中，自由往往与作为反抗压迫的解放的理念联系起来。但是，在它所有的这许多种形式之下，萨特的自由理念明显既不同于作为集体自决和主权的民主理念，也不同于作为个体权利和干涉之阙如的自由主义概念。然而，正如我们将要看到的，它仍然为我们看待个人自由（liberty）和政治自由（freedom）之间的冲突提供了一个批判性的视角。

---

[1] 关于萨特对女性的描述的政治含义，参见 Jean Bethke Elshtain, *Public Man, Private Woman* (Princeton, N. J.: Princeton University Press, 1981), 306 – 308。

[2] Jean – Paul Sartre, *Qu'est-ce que la littérature* (Paris: Gallimard, 1949), 41.

第五章　批评家的狂欢节：反讽和后现代的性情

第二节　萨特对于自由冲突的终结

过去，萨特曾被视为一个悲剧式的思想家。[1] 但是，在更为晚近的时候，他的作品的自我批评、自我毁灭甚至解构的性质，得到了越来越多的强调。[2] 鉴于出现在他著作中的那些戏仿、嘲笑和讽刺的深刻张力，这后一种描述看起来并不过分。事实上，与黑格尔特别相关的是，萨特讽刺性地调用了悲剧本身的主题，以扰乱黑格尔对个人自由（liberty）与政治自由（freedom）之间冲突的喜剧性解决中提出的期望。事实上，他之所以提出黑格尔的悲剧式冲突模式，正是为了最终击败它。

在他 1946 年的文章《存在主义是一种人道主义》中，萨特似乎提供了一个作为辩证对立和矛盾之对峙的悲剧冲突的经典例子。在那里，他为我们呈上了这样一个案例：一个年轻人必须选择，要么加入法国抵抗运动，要么留在家里保护他母亲的安全和幸福。"他面对着两种完全不同种类的行动"。萨特写道：

> 一个是具体的、直接的，但也只关乎一个人的行动；另一个行动则涉及一个无比巨大的群体，一个国家集体，但也正是出于这个原因，它是不可靠的，也很可能在途中被打断。而且，他同时在两种伦理之间摇摆不定。一方面是一种

---

[1] For example, see the classic work by Wilfrid Desan, *The Tragic Finale* (Cambridge, Mass.: Harvard University Press, 1954).

[2] For example, see Christina Howells, *Sartre: The Necessity of Freedom* (Cambridge: Cambridge University Press, 1988), ch. 4.

Culture 悲剧与拒绝：西方政治思想中的差异政治

同情的、个人奉献的伦理，另一方面是一种更广泛的但其功效更不可靠的伦理。他不得不在它们之间做出选择。[1]

面对这两种伦理行动，这位年轻人卷入了一场纠结的战斗，这场战斗不是在善恶之间展开，而是在同样有力但不可兼得的生活方式之间展开。在这方面，萨特的学生不可避免地被锁在了一种悲剧式冲突的形势当中。

萨特告诉我们，没有人可以帮助这位年轻人决定遵循哪一项选择。基督教义的指令对这两种选择都增加了强制性，如"要仁慈，爱你的邻居，选择更加崎岖的道路"。但哪一条，萨特问道，"是更加崎岖的道路？他应当把谁当作兄弟来爱？是战士还是他的母亲？"（EH 25）与此类似，他宣称，康德的先验伦理也没有多大帮助。在这种情况下，两种同样有效但不可兼得的道德准则肯定都可以通过与绝对命令相一致的方式来形成。情绪原则甚至用处更少，因为，根据萨特的看法，我们必须对行动和生活方式中的情绪化导向的选择担负责任。

就像黑格尔，萨特把悲剧描绘成一种伦理局势，在其中，一个人面临着两个极端之间的残酷抉择。萨特告诉我们，古典戏剧使其观众所面对的，是体现了矛盾的伦理原则的角色，而在现代悲剧中，这种两股道德力量之间的斗争经常发生在单个个体的内心意识中。以一种让人联想起黑格尔《美学》的语言，他写道：

---

[1] Jean-Paul Sartre, "L'Existentialism est un humanisme" (Paris, Nagel, 1946), translated and edited by Bernard Frechtman and reprinted in *Existentialism and Human Emotions* (New York: Philosophical Library Press, 1957), 25; Cited below as EH.

第五章　批评家的狂欢节：反讽和后现代的性情

"在古代戏剧中，有趣的是，每个角色只能表现矛盾的一方面，而从来不能同时表现两方面。在这里，你一边是家庭，另一边是城邦。今天在戏剧中出现的新情况则是，在单个角色的内心中，就存在着矛盾冲突。"[1]

但是，追随着索伦·克尔凯郭尔的脚步，萨特之所以提到黑格尔对悲剧的理解，似乎仅仅是为了反对它。与黑格尔不同，在那种形式具体的特殊性之中，萨特拒绝提供一条走出悲剧式冲突的道路。[2] 正像他的学生所面临的选择一样，萨特的戏剧探索了他所谓的"普遍化的单数"（universal singulier）：对应于被普遍体验到的现象的一种形势之具体的特殊性。在这里，萨特沿用了安德烈·纪德（Andre Gide）的思想，"一个人在最个人化的时候也就是最普遍化的"。[3] 通过以其单独性来投射出普遍性，萨特描述了如下这些具体的形势：在其中，个体必须在两种同样有力但又不可兼得的生活方式之间作出选择。

通过将普遍的独特性与黑格尔所主张的对立统一的意识理念相对照，萨特试图否认辩证否定的逻辑。萨特相信，与所有这类抽象普遍化相反，克尔凯郭尔拯救了真理的价值，即每个人内在的独一性。而且，"他批判黑格尔体系之内部组织的方式"，萨特写道，"是通过表明被取代的时刻不仅被保留在了通过转化它们而保留了它们的扬弃之中，而且在自身内得到了保留，而没有进

---

[1] Jean-Paul Sartre, *Un Théâtre de situations*, ed. Michel Contat and Michel Rybalka (Paris: Gallimard, 1973), 139.

[2] 例如，想想在 *Les Mains sales* 中所发现的矛盾："如果党是正确的，我就比一个疯子更寂寞。如果党是错误的，世界就完蛋了。" Jean-Paul Sartre, *Les Mains sales* (Paris: Gallimard, 1949)。

[3] Quoted by Sartre in *Un Théâtre de situations*, 77.

行任何转变。"[1] 在揭露了这个谎言后，通过模糊语言交流——这是黑格尔对扬弃信仰的基础——的清晰性，萨特打乱了黑格尔式的辩证法。通过把他者之存在的不可化约的主体性当作在黑格尔的获取性语言里不可理解的东西，萨特完成了上述任务。

更具体地说，他把这个不可言说的他者放在了一个辩证悬置和否定的严密逻辑当中。当然，应该注意的是，这里的"否定"不同于"虚无"。前者是无须调停的辩证悬置；后者正是他者的品质，即扰乱了我们对黑格尔的喜剧性扬弃思想之信仰的那种品质。

例如，当萨特在《存在与虚无》里转向他者的问题时，他把精力集中在了黑格尔的主奴辩证法上。回忆一下，黑格尔最终试图通过把自我意识同时断定为自身和自身之内的他者，来解决他者的问题。然而，在萨特看来，黑格尔的唯心主义没有导向相互性，而是导向了认识论上和本体论上的乐观主义（*EN* III. 1. iii）。萨特声称，首先，黑格尔乐观地假定，他人拥有的关于我们的知识，对应了我们对作为他们客体的自身的认识。虽然我们可能会把自身认知为他人的客体，他人却不可能从我们的有利角度来感知我们。因为，去"了解"他人是怎样看待我们的，就等于是去"了解"一个作为自由主体的他人。但我们只有依靠自己的自由主体性，才能去"了解"他人。坦白说，作为一个客体与作为一个主体是不同的。事实上，在两者之间有一段不可逾越的距离。萨特论证说，这段距离和鸿沟没有像（据称）在黑格尔理论中那

---

[1] Jean-Paul Sartre, "The Singular Universal," in *Between Existentialism and Marxism*, trans. John Mathews（New York: Pantheon, 1974）, 148.

第五章 批评家的狂欢节：反讽和后现代的性情

样提出了认识论的问题，而是通过他者的存在而得以建立。他告诉我们，在其自身的自由主体性之中，这种自为存在拒绝在世界中对它本身的专用。

116

与此相关的是，萨特用他所谓的"多元论的丑闻"来反对黑格尔的本体论乐观主义。黑格尔肯定了整体存在的统一，然而他仅仅主张，每个意识都是整体中的一个时刻，而整体是这些多元性之间的调节者。又一次地，萨特的本体论批评是以他者（以及它那激进的和不可化约的主体性）的存在为依据的，并以此破坏了黑格尔扬弃理念中的本体论乐观主义。

萨特所强调的，不是在黑格尔的辩证法中所达成的相互承认，而是在两个有意识的存在之间所固有的相互失败和挤压。他告诉我们，我们与他人的关系自始自终都是一种挫折、约束和冲突的关系："我试图让自己从他者的掌控之中解放出来，他人则在从我的掌控之中解放出来。我在寻求奴役他人，他人也在寻求奴役我……，对具体行为的描述必须从冲突的视角中来看待。"（*EN*, iii.1.4）从这个视角来看，他者对我们的期望和看法必然会限制我们被承认为自由人之欲望的达成。由于被他人的眼光所羁绊，我们就受限于他人对我们的看法。由于我们在透过钥匙孔偷窥时被抓到了，我们就被展示为了他者使我们成为的嫉妒的、可耻的生物。用萨特在充满讽刺性的《密室》中那简洁刻薄的话来说："他人即地狱。"

通过形象地展现地狱，萨特反讽性地把黑格尔的主奴辩证法搬到了性行为的战场上。在那里，他采取了消极和讽刺的姿态：爱和欲望最终导致了受虐狂和施虐狂两种阴冷的极端（*EN*

123

III. iii)。对前者来说，爱的失败转变成了对失败的爱。萨特声称，通过成为另一个人所迷恋的对象，受虐狂就像在黑格尔笔下的奴隶一样，放弃了其作为有意识的自为存在的独立性。然而，他由于不可能获得为世上的事物所保存的本体地位，受虐狂无法巩固那种他愿意为之而牺牲自己的爱，相反却迷恋上了作为失败之对象的他自身。

在另一个极端，试图把一个人的血肉之躯作为压迫的工具去征服他人的自由，同样要以失败而告终。侵略者只要瞥一眼受害者，就会明白，他者仍然在作为一个独立的人而存在。因此，施虐狂失败的根源在于认识到，他者不仅仅是意识的客体，而且还是一个主体。通过这种方式，萨特的服从与统治的辩证法没有实现相互性的满足，而是反讽性地导向了否定、爱的贫乏和在虐待与受虐中表达出的爱和欲望的失败。爱的作用就到此为止了。

当然，萨特对于辩证否定逻辑的戏仿性使用并不限于亲密领域。在政治层面上，黑格尔寻求解决个人自由（liberty）与政治自由（freedom）之间冲突的愿望，同样以纷扰和失败告终。在萨特的手里，黑格尔的分析没能在自身内阐明同时以普遍性和特殊性表达的自由之统一性，而是在否定的最为极端的时刻毫无调解地悬置起来了。

在普遍性这边，我们发现，通往极权主义的道路被保留了。在这里，在普遍性的名义下，人类放弃了他们的独立性，并认同了由内在理性——据说这是国家的基础——所建立的决定论。从国家的视角来看，个体充其量不过是客体。萨特论证说，在他们的具体行为中，他们只想着要去达到国家的期望。事实上，他告

第五章 批评家的狂欢节：反讽和后现代的性情

诉我们说，通过保护自己免于意识到幻灭性的自由所带来的痛苦，他们反思了自己作为自在存在的地位。他们因此失去了对他们地位的自我承认，这种地位是作为有能力进行自我创造的激进规划的自为存在所具有的地位。对于早期的萨特来说，这种极权主义的动态也可以在资本主义政权之外的政权里被找到。在他看来，它们都是僵化的形式，会扼杀个人对他们千变万化的自由的承认。

在特殊性的一面，我们见证了在未被调解的否定性中悬置起来的"资产阶级狂欢"的令人眩晕的魅力。萨特宣称，在这个不诚信的队列中，每个参与者都寻求生活在他者的眼中。就像投射在镜子圈里的映象那样，这些个体提供了一个令人眩晕的关于非本真性的陈列。然而，在每个人的私人追求里所反映出的是，我们在这种狂欢节里所看到的陈列物，其实是荒芜的期望和空虚的资产阶级文化"价值"。[1] 由于金钱、地位、权力，以及最重要的——那些最能赢得尊敬的素质，都得到了严肃的对待，于是，对于这些个体来说，拥有或者至少热爱它们，就是必不可少的。通过这种方式，就像在卢梭对自尊的描述中那样，个体被困为他人意识的客体。

在他对《家中的低能儿》里喜剧演员的评论中，萨特形象地说明了这一点。演员在喜剧舞台上所戏仿的，就是资产阶级的真

---

〔1〕 萨特坚持认为，价值不具有独立的地位。出于这个原因，接受资产阶级文化中被认为是有价值的东西，并不使得道德行为者变得可敬。相反，他们自由地选择了让自己出现，并去从事被定义成是值得去做的事。借由这种方式，通过决定对自己文化中被赞美和被禁止的事物采取默许的态度，他们融入了可敬的道德之中。参见 EN I. 1。

Culture 悲剧与拒绝：西方政治思想中的差异政治

理。[1] 它的表象、滑稽和伪装就是它的真理。相反，喜剧演员在舞台上所揭示的，是他所戏仿的事物的否定性。通过描绘日常生活中体面的资产阶级，喜剧演员就由此而背叛了他的生活事实上所来自的真正荒谬的角色。萨特评论道："严肃的事物被提议、分解和重构，其目的只是为了被再次解体，被再次溶解至表象而已。"（831）喜剧艺术家所揭示的真理来自不满，这种不满包含在我们突然发作的笑声中："你试图欺骗我们，想让我们把你当作一个人来看待，但是我们还没有蠢到那个地步，我们知道你是一个小丑。"（831）。在萨特看来，由于我们被困为了他人意识的客体，我们就也和那些放弃了成为狂欢节小丑之外事物的能力的演员一样了。因此，在一个同时来自抵制与认同的不满时刻，萨特写道："我对资产阶级再也没有什么好说的了！"[2]

对萨特来说，资产阶级文化和极权主义的衰亡、空虚的道路导致了坏的诚信、坏的艺术和坏的政治。通过在它们未经调停的否定中进行探索，萨特揭示了他所谓的黑格尔的计划的"不诚实精神"。这种精神把人类视为客体，并使人类从属于精神的世界。作为"存在的统一"，精神的表述据说表达了一些"价值"，这些价值拥有独立于人类现实的绝对存在。对萨特来说，正如我们所看到的，按照这种价值生活，是一个逃避而不是实现自由的方式。因此，通过与黑格尔对自由冲突的喜剧性解决方案的不足联系起来，萨特告诉我们说，否定之否定并没

---

[1] See Jean-Paul Sartre, *L'Idiot de la famille* (Paris: Gallimard, 1971), I. 825 – 831.

[2] Sartre, *Un théâtre de situations*, 74. 像福楼拜一样，被广泛讨论的萨特与资产阶级文化的关系无疑是一个关于距离和接近、否认和界定的复杂问题。

第五章 批评家的狂欢节：反讽和后现代的性情

有"突破我们的界限并变成肯定"。[1] 相反，黑格尔哲学只假定了一种不可接受的理想综合物，它是远离人类经验的冲突、克制和挫折的。

尽管萨特早期的作品对黑格尔的国家哲学提出了大量批评，它却没能提供一种积极的政治观。[2] 但是，我们或许不应该从它那里要求这样一种观念。作为讽刺，这种要求可能会错误地领会了他著作的意义。虽然萨特确实无法提供对个人自由（liberty）和政治自由（freedom）之间冲突的调解方案，他早期的任务无疑是一种关于批判性抵抗和解放的任务。通过表明整体性在我们对它的追求中的失败，他质疑了我们对于完美社会——在其中，完全的稳定与完全的个人意识结合了起来——的虚幻欲求。

萨特提醒我们说，在我们的那种开发自己主体性、那种使世界作为我们自己的形象而对我们变得透明的浮士德式愿望上，我们是必然要失败的。不仅有其他浮士德式的造物在准备打断我们的计划，而且，正如我们在开始讨论萨特时所看到的，我们永远不能成功实现自己那种成为神祇的计划。在这方面，人类注定是要失败的神：在爱的方面要失败，在政治方面要失败，在我们最基本的生活计划方面也要失败。

然而，在所有的这些失败中，我们也获得了一些东西。对萨特来说，失败的能力无懈可击地证明了我们的自由。世界上的物

---

[1] Jean-Paul Sartre, *Saint Genet, comédien et martyr*, (Paris: Gallimard, 1952), 235.
[2] 特别是在英语文献中，萨特常常因此而受到批评。例如，参见玛丽·沃诺克在《存在主义》(Oxford: Oxford University Press, 1970) 中关于这点的微妙但关键的分析，第113~141页。

Culture 悲剧与拒绝：西方政治思想中的差异政治

质无法失败，只有有意识的存在物才能失败。正如费奥多·陀思妥耶夫斯基通过他的地下室中人所展现的，通过人受苦和抵抗的能力，他们被证明不是一种"钢琴键"。在政治层面上，这一悖论在萨特对纳粹占领时期的回忆中表达了出来。在《沉默的共和国》中，他谈到了一种从绝望中刻画出来的解放政治：

> 我们在德国占领时期是最自由的。我们已经失去了所有的权利，从失去说话的权利开始。由于纳粹警察试图强迫我们闭嘴，每个词语都变得很珍贵，就像一种对原则的宣告。由于我们被追捕，我们的每个姿势都有了庄严承诺的分量……由此就带来了自由的基本问题，我们也被带到了人们能对自己所具有的最深刻知识的边缘。因为，一个人的秘密不是他的俄狄浦斯情结或自卑情结，而是他自己自由的界限，他抵抗酷刑与死亡的能力。[1]

对于萨特早期的抵抗理论来说，关键是，他的那么多同胞愿意推脱自己在纳粹占领期所应承担的责任。相反，萨特要求的，是我们在每一个具体情形中选择在这个世界上的身份。以萨特的学生所面临的选择为例，萨特的自由观要求我们激活我们自己存在于这个世界上的可见力量；它要求采取行动，即使是在一种绝望的情况下。

---

[1] Jean-Paul Sartre, "La République du Silence," in *Situations* 3 (Paris: Gallimard, 1949), 11–13.

第五章 批评家的狂欢节：反讽和后现代的性情

第三节 从讽刺到自我戏仿

在战后的法国知识圈里，萨特的观点经常受到批评。然而，吊诡的是，很多批评似乎借鉴了萨特自己的批判性著作，以反对一切人类现实的形而上概念中所固有的决定论。事实上，正如我们看到的，萨特正是在对这种概念的反对的基础上，批评了对黑格尔式的综合体的信仰。[1] 那么，这种重复的批评又有什么意义呢？或者，换种说法，为什么要去解构萨特对形而上学的批判？相应地，雅克·德里达已经在他的文章《人的目的》中提出了后一个问题。[2] 以一种做结论的方式，我想从德里达对萨特解读海德格尔对胡塞尔解读尼采对黑格尔的解读中，[3] 追溯其中的讽刺的品质，虽然不一定是按照这样的顺序。

在探询"人的目的"这一问题时，德里达考察了人类现实的目的（telos），这一目的反讽性地得到了主宰战后法国的对黑格尔、胡塞尔和海德格尔的"人道主义"解读的支持。当然，对德里达来说，这种解读之所以是反讽性的，不仅因为那些思想家们以对立于人道主义的"人类学"和"人类中心"的主张的方式来理解他们自己，而且还因为，人道主义的主张被用来反对所有关于"人类现实"的目的性概念。

---

[1] On this point, see Howells, Sartre: The Necessity of Freedom, 194–202.
[2] Jacques Derrida, "Les Fins de l'homme," in Marges de la philosophie (Paris: Editions de Minuit, 1972), 129–164, 以下引用简称 FH。
[3] 此处原文为 Derrida's reading of Sartre's reading of Heidegger's reading of Husserl's reading of Nietzsche's reading of Hegel，包含着一连串对解读的解读，很难准确地译成中文。——译注

Culture 悲剧与拒绝：西方政治思想中的差异政治

德里达认为，让-保罗·萨特领导了"人道主义"的发展。"即使一个人不希望在'存在主义是一种人道主义'的标语下总结萨特的思想"，他写道，"他也必须记住，主要的概念，最终的主题，不可削减的视野和源头都是那种后来被称为'人类现实'的事物"。（FH 136）[1] 作为对海德格尔的"此在"的一种误读，在萨特的作品中，"人类现实"被定义为一个"中立和不确定的概念"，它被"人的统一"的观念连同它所有的"形而上学遗产"所取代了。（FH 136）对德里达来说，那些赞成"人的统一"思想的哲学家是这样一些人，他们谈论的是诸如"我们的思想、身体和灵魂的统一性"，或"嵌在我们天性中的目的的统一性"，或"嵌在我们的目的中的自然的统一性"之类的东西。人道主义者通过与这些思想的对立来定义他们的著作，由此便可以中立化那种为"人的目的"寻求确定答案的形而上学渴望。至少他们是这么认为的。

然而，德里达认为，通过把"人类现实的统一"替换成"人的统一"，萨特的哲学（反讽性地）重复了他同时在反对的那些形而上学主张。例如，德里达注意到，在《存在与虚无》中，"人的概念的历史从来没有受到审视。在仿佛'人'这个标签没有起源，没有历史，没有文化或者语言界限的情况下，一切就发生了"（FH 137）。为了说明德里达的观点，让我们采用萨特的年轻学生这一例子。这个学生被扔进了一个悲剧性冲突的境况之中，被告知他可以彻底自由地去选择。但他

---

[1] 德里达肯定了解萨特在 La Nausée 中所阐述的对人道主义的批评，但他将这种批评在一个脚注里打发掉了。参见 FH, 4n。

是从什么样的立场上去选择的呢？对萨特来说，答案只可能是：他必须从外在和独立于他所处情形的有限性的立场上作出选择。在这方面，通过其人类中心主义的表现，萨特的哲学仍然是在寻求一种形而上学的立场，这种立场是处在人类现实的局限之外的。

122

按照德里达的看法，这种形而上学立场的基础和视野可以在萨特对"人类现实的根本事业"的描述中被找到。德里达认为，在《存在与虚无》的结尾，在寻求自为存在和自在存在的整体性的事业中，"存在的统一"这一旧观念被形而上地转变为了"人类现实的统一"这一新观念。这样，萨特的"人道主义"实际上只是另一种谈论关于与神有关的（作为整体的）人的目的的方式。正如德里达所说的那样："自在存在和自为存在都是存在，而这种它们在其中被构成的存在的整体性，其本身是与自身相联系的，通过人类现实的根本事业这种方式关联着和显现给自身"（FH 137）。在这一点上，德里达的著作可疑地突然变得非常清晰起来："由此而以一种所谓中立和不确定的方式得到命名的，不过是人和神的形而上统一，是人与神的关系，是构成人类现实的事业的成为神祇的事业"（FH 137f）。

对德里达来说，萨特的形而上学计划似乎是在赞同海德格尔的主张："每一种人道主义都仍然是形而上学的。"（FH 138）例如，需要注意的是，萨特关于自为存在的视觉和触觉比喻，似乎只提供一个旧有的康德式—费希特式—胡塞尔式模式的稍新版本，这一模式是关于构成性行为者的超验主体性的模式。正如我先前提到的，在萨特的版本里，人类现实的事业是这样一种事业，它通过将未成型的自为存在塑造成反映它本身的世界，试图去获取其自身主体性的半透明品质。因此，"意识不仅把感情的意味投射到它周围的世界中去，它还活在由它刚刚形成的新世界中"（*EN* I, i）。然而，在纯粹的意识里，它把自身的主体性和他者的主体性都看成自由的可能性及其污染和失败的根源。因为，就像他者破坏和挫败我们的自由那样，我们主体性的黏稠品质持续威胁着要去堵塞住我们的存在中深藏的漏洞。因此，对于萨特来说，意识的致命的、甜蜜的密度黏在了超验主体性的手上，就像语言黏在了作家的手上一样。

然而，对于像德里达这样的思想家来说，萨特的"人类现实的事业"不过是试图获得特权式视角的另一种方式，从这种视角出发，他可以去复原这个世界的本来的真理。对黑格尔来说，世界事实上就是精神的表达，这一次，它真的就是纯粹的自为存在与黏稠的自为存在之间的战斗舞台。最终，两位思想家之间的差别并不那么大，因为即使在进行拒绝时，萨特仍然在寻求终极所指（signified）的特权式领域。

当然，萨特完全懂得这一点。例如，他明白，他的哲学正是寄生在它所反对的形而上学事业之上。事实上，正是这种形而上学事业所不可避免的失败，使人的目的变得中立化和无法确定。对萨特来说，这就是我们认识自己的有限性和自由的途径。通过这种方式，萨特讽刺性地把失败的形而上学当作了形而上学的失败来利用，以去实现决定人类现实的事业。

如果萨特明白所有这一切，那么，德里达重复萨特对于形而

第五章 批评家的狂欢节：反讽和后现代的性情

上学的批判，又有什么意义？或者，再问一遍这个问题：为什么要解构萨特对于存在的形而上学的批判？对后一个问题的答案，可以从德里达对重复与拒绝的迷恋中找到。对立面重复了它所否定的东西。即使是在萨特用失败的形而上学去揭露形而上学的失败时，也是这个样子。它无法摆脱它所反对的形而上学立场。海德格尔也是如此。因为，德里达声称，虽然海德格尔意识到人道主义是寄生于形而上学之上的，但是在反对人道主义时，他自己的计划也重复了它所反对的形而上学立场。对于胡塞尔、尼采和黑格尔对人本主义所做的批评，也可以这样说。他们每个人都受到了他们所拒绝之事物的伤害。而且，他们每个人都拒绝了建基于人道主义主张之上的那种形而上学。

在《人的目的》中，德里达探究了这样一种可能性，即生产一种能使我们的计划和实践获得意义的哲学，这种哲学没有中心，没有超验的或构成性的主体，也没有终极目的或结局。在批判从黑格尔到萨特的传统时，他认为在寻求存在问题的答案的过程中，西方哲学总是以一种在场的形而上学来决定存在，即使在它对存在加以拒绝时也是如此。众所周知，他对西方形而上学的批评集中于瓦解暗含于我们的话语实践的两极分化中的等级制度，那种话语实践看重在场、统一和认同，贬低距离、差异和延缓。这后三者表达了德里达所说的延异（differance）的不可言说的裂隙。

作为所有言语行动中固有的裂隙和距离，延异占据了看似即刻而在场之事物的地带。意义或者意识的自我在场的幻想因而变得不再可能：它成了一种掩盖延异的表象和假象。用病理治疗的术语来说，也许德里达的解构工作最好应被描述成一种尝试展现对差异的压制的努力，这种压制是所有关于存在和在场的理论的基础，是所有建立在隐含着的等级制和对他者的压制之上的理论的基础。

最终，德里达使我们所面对的，是为那些试图逃避在场的形而上学的人们所采取的"两个错误的出口"。第一个出口融合了许多我们已在萨特的早期存在主义作品中见过的讽刺性策略。在德里达看来，这些作品是建立在如下决定之上的："通过隐蔽地重复那些基础性的概念和原始的问题，使用房屋中（也就是语言中）可利用的工具或石头来对抗面前的大厦，来在不改变立场的情况下试图寻求解脱或进行解构。"（FH 162）。当然，问题在于，通过停留在这个领域之内，"他们就要面对如下风险：以愈发确定的方式，不停地确认、巩固或提出那些据称已被解构的事物。朝着一个开放的全面解释移动的持续过程"，他总结道，"有着陷入自闭封锁的危险"（FH 162）。

第二扇象牙门似乎将我们带到了一个与我们寻求逃脱的地方有所不同的领域。它是建立在如下决定之上的："通过粗暴地将自己置于其外并确认一种绝对的断裂（以及延异），来以一种间断的和深入的方式转换领域"（FH 162）。在这方面，解构在试图与无法言说的、不以对自身的否定（即某种可以带回到自我的在场之中的事物）来展现自身的他者相联系时，扮演了启发性的角色。事实上，对于他者，我们唯一能说的就是，我们无法把握它。它是无法言传的，沉默的。

毫无疑问，这种沉默的痕迹可以在萨特的作品中被捕捉到。

第五章 批评家的狂欢节：反讽和后现代的性情

例如，他告诉我们说，在存在的屋子里，也就是说，在形而上学语言的领域里："那不是任何东西的存在，那不是存在的存在，无法被言说，无法表达自身。"（EN 167）为了理解这一论断，想一想萨特对黑格尔的批判。按照萨特的说法，他者总是会从黑格尔的获取性言语中逃脱，因为它作为间隙和沉默，既不向往也不屈服于辩证的扬弃，而是讽刺性地将其撕裂。通过这种方式，萨特的解构模仿了无法言传的他者。这个他者扰乱了、打断了并掩盖了用于交流的符号的明晰性。但是，正如德里达所提醒的，萨特的作品越是想逃离辨证扬弃的领域，就越是接近黑格尔那种把存在视为总体性的计划的立场。所以，像第一个出口一样，这项策略似乎仅仅是在"不停地重塑旧基础上的新领域"（FH 162f.）。

在超越黑格尔的绝对逻辑而思考时，萨特和德里达都具有共同的讽刺性因素。事实上，作为尼采的批评家狂欢节的成员，他们为黑格尔的喜剧式哲学提供了一份戏仿悼词，一份为了杀死死者而使其复活的悼词。如果萨特复活形而上学的理念只是为了消灭它，德里达就似乎是复活了他自己对于萨特对黑格尔的复活的复活，为的是再次在一种延异的无尽发挥中毁灭它。通过这种方式，如果萨特的哲学能被描述为讽刺，那么，德里达的哲学也许最好应被理解为自我戏仿。[1] 事实上，在《人的目的》的结尾，

---

[1] 要想了解对我所说的德里达的自我戏仿的更明确说明，可参考他的 *La carte postale de Socrate à Freud et au-delà*（Paris：Aubier-Flammarion，1980）。在那里，对于他自己将文学阅读和生活的阅读的关系向个人经历的交流的解构，他又进行了解构。在这一点上，参见 Richard Rorty，*Contingency*，*Irony and Solidarity*（Cambridge：Cambridge University Press，1989），第 126～137 页。

128

德里达显然并非没有意识到他自己题文的"风格"。[1]他总结道，由于陷入了戏仿与自我戏仿、复活与死亡的网络之中，我们尚未发现那个能够回应尼采如下呼吁的诗人：一个能"烧毁他的文字，除去他脚步的痕迹"并学会"在存在的房子之外跳舞"的人。[2]

---

[1] 他自己的风格"编织和交错了解构主义的两个图案"，这两个图案被描述为前面讨论过的"两个错误的出口"。当然，有人可能会反对说，通过将德里达的风格称为自我戏仿的话语，我忽视了他对尼采如下观点的认同：风格的改变必定是复数的。但特别在与总体性的理念相关时，一开始所定义的那种讽刺扰乱了对所有风格的期望。因此，在解构总体化了的文本时，风格的扩散和传播并不排除将后者描述为戏仿的、反讽的或讽刺的。

[2] Nietzsche, *Beyond Good and Evil*, no. 223

第六章

阿伦特、罗蒂和杰斐逊先生的美国传奇

在《联邦党人文集》第49篇中,普布利乌斯对杰斐逊表达了赞美之意,因为他平等地展现了"对共和政体的热爱"和"对共和政体应该防止的危险倾向"的"睿智(enlightened)见解"。[1] 毫无疑问,纵观杰斐逊的著作,他的"共和"观点和"睿智"观点之间存在着一种紧张关系。如果加以重述的话,这种紧张关系或许可以在杰斐逊对传统自由主义和民主政治原则两者同时的提倡中体现出来。[2]

---

[1] James Madison, Alexander Hamilton, and John Jay, *The Federalist Papers*, ed. Isaac Kramnick (London: Penguin, 1987), 327. 中译本见汉密尔顿等著《联邦党人文集》,程逢如等译,商务印书馆,1995,第256—257页。译文略有改动——译者注。

[2] 在美国政治思想中,有关该辩论所使用的话语是富有争议的。我不会强调围绕着该辩论的当代争论,而是将关注由阿伦特和罗蒂各自所提出的定义。关于政治论说中那些有争议的话语,可以参见下述著作对自由主义、共和主义、民主和启蒙所大胆开列的定义:Louis Hartz, *The Liberal Tradition in America* (New York: Harcourt Brace, 1955); J. G. A. Pocock, *The Machiavellian Moment: Florentine Political Thought and the Atlantic Republican Tradition* (Princeton, N. J.: Princeton University Press, 1975), ch. 15; Gordon S. Wood, *The Creation of the American Republic, 1776-1787* (Chapel Hill, N. C.: University of North Carolina Press, 1969); Wilson Carey McWilliams, *The Idea of Fraternity in America* (Berkeley and Los Angeles: University of California Press, 1973); Benjamin Barber, *Strong Democracy* (Berkeley and Los Angeles: University of California Press, 1984); Terence Ball, *Transforming Political Discourse* (Oxford: Blackwell, 1988), ch. 3; and Thomas Pangle, *The Spirit of Modern Republicanism* (Chicago: University of Chicago Press, 1988), esp. part I.

例如，尽管理查德·罗蒂对杰斐逊的启蒙观点持批判态度，他最近却论证说，作为《弗吉尼亚宗教自由法令》的作者，杰斐逊展现出了深厚的自由主义关怀，并以之容纳了社会中道德信仰的多元性。[1] 然而，正如汉娜·阿伦特提醒我们的，杰斐逊无疑对民主参与精神和地方自治怀有"同样的热爱"。[2] 在这些对杰斐逊的美国的诠释中，我们又一次面对了不同种类自由（liberty and freedom）之间的冲突。在下文中，通过分别追溯罗蒂和阿伦特著作中所包含的"浪漫主义"元素，我为这个冲突提供了一系列最终的结局。

第一节 传奇和浪漫主义者

由于两位作者都对19世纪的浪漫主义持批判态度，对那些我将归之于他们作品中的"浪漫"元素加以澄清就很重要了。在开始时，为了区分他们自己的"传奇"（romance）和他们批判的那些"浪漫主义"叙事，可以考虑一下阿伦特和罗蒂在描述浪漫主义诗人时所使用的核心比喻。例如，阿伦特倾向于诉诸黑暗和光明的比喻，以此来表达她对于浪漫主义者所推崇的主观性和内省

---

[1] Richard Rorty, "The Priority of Democracy to Philosophy," in *The Virginia Statute for Religious Freedom: Its Evolution and Consequences*, ed. Merrill D. Peterson and Robert C. Vaughan (Cambridge: Cambridge University Press, 1988), 257–282. Cited below as *PD*.

[2] Hannah Arendt, *On Revolution* (New York: Viking, 1963), cited below as *OR*. See Jefferson's 1816 letters to Joseph C. Cabell and Samuel Kercheval in *Jefferson Writings*, ed. Merrill D. Peterson (New York: Library of America, 1984).

第六章 阿伦特、罗蒂和杰斐逊先生的美国传奇

的批评。[1] 她告诉我们,将自我展示的行为视同内省行为的那些人,进入了思想和心灵的"无导航的黑暗"之中。这种黑暗的领地既不为人所知,也无法被光明普照。[2]

与此相反,阿伦特则把"光明和启迪"的领域和政治及世俗性联系到了一起。在她看来,行动和言辞的公共空间处于那一领域的中心。这是一个人们将自己向其他人进行展示的场所。对阿伦特来说,一个人若想在世界中完全展现自己的存在,就既需要自我表现,也需要观众。她写道,"虽然一个人的身份可以在行动和言辞中无形地展示自己,但只有在表演者和发言者生活的故事中,这种身份才能成为有形的。"(*HC* 193)如果没有观众见证他们的行动,并记住他们英勇的演说和事迹,迷失在自己主观性中的人类将会永远隐而不现,无论对于他们自己还是他人来说都是如此。我们被告知:正因为此,浪漫主义诗人们不过是表达了从现实世界向"空洞的梦境"和"庸碌的幻觉"中的逃离。

为反对这种浪漫主义倾向,阿伦特自己的"传奇"注重于发现在现代社会中隐而未现的东西。她特别论证说,通过沉浸于关于我们自己主体性的"私人"幻想之中,并且几乎只关注涉及经济满足的"社会"领域,我们已经丢失了"公共"和"政治"的含义。为收复这些领域,阿伦特使用了一种传统上与作为探险的"传奇"联系在一起的叙事方式。为了重新恢复过去的理想,

---

[1] 可以回想一下黑格尔对"感伤之釜"的描述。按他的说法,浪漫主义诗人们正是从其中"呈上了他们的心灵、友谊和灵感之汤"。in *Philosophy of Right*, trans. T. M. Knox (Oxford: Oxford University Press, 1942), 6.

[2] 见阿伦特对"世界异化"的讨论:*The Human Condition* (Chicago: University of Chicago Press, 1958), 248-257. Cited below as *HC*。

她的探险任务就是致力于重申政治作为自我表达和自我表现的领域的重要性。对于阿伦特来说，当我们与其他人一起行动来决定和定义一种集体生活时，这种自我启迪才能发生。通过这种方式，政治生活可以被视为这样的活动：通过这种活动，相对来说庞大且稳固的群体——人类能够形塑他们的集体命运。在他们的能力范围内，他们回答了托尔斯泰曾经描述的问题，"对我们来说，唯一真正重要的问题就是：'我们应该做什么？我们应该如何生活？'"[1]

在发现和展示"政治"的历程中，阿伦特使用了一些在古典时期对于言语和文化实践来说至关重要的概念。例如，她对"公共领域"和"私人领域"（或是现代意义上的"社会领域"[2]）所做的区分，就是基于希腊人对于家庭和政治领域之间关系的理解而做出的。在阿伦特看来，家庭主要发挥了经济和非政治的功能。它在必然性的领域内找到了自己的所在。家庭是劳动的场所，是受主人指导和控制的妇女和奴隶的领地，而主人则依靠他们来满足家里的基本需求。[3]

与此相反，政治领域则被认为建立在公民之间关系的平等之

---

[1] 托尔斯泰的评论在韦伯的著名论文"Vom Inneren Beruf zur Wissenschaft"中得到了重复。See *Max Weber*: *Soziologie*, *Weltgeschichtliche Analysen*, *Politik*, ed. Johannes Winckelmann (Stuttgart: Alfred Kröner, 1964), 317. Translated as "Science as a Vocation" in From Max Weber, by H. H. Gerth and C. Wright Mills (Oxford: Oxford University Press, 1946), 143.

[2] 对于私人领域和社会领域之间的关系，阿伦特的阐述并非总是清楚的。她频繁地将社会领域描述为私人领域的现代对应物。但是她同样区分了这些领域，指出社会领域既不是完全私人的也不是完全公共的。（"The Rise of the Social," in *HC* 38 f.）见下面的讨论。

[3] 见亚里士多德《政治学》第一卷中类似的功能划分。亦见我在第一章中的讨论。

第六章 阿伦特、罗蒂和杰斐逊先生的美国传奇

上,并要求他们把公共生活当作真正自由的领域。这是公民们为了自我展现和荣誉而奋斗的地方。由于赞同一种政治的阳刚气概,阿伦特的作品中充满了对伟大人物行动和言辞的回顾。[1] 毫不令人感到惊奇的是,她所崇拜的英雄是荷马式的而非柏拉图式的,是罗马式的而非浪漫主义的。事实上,与她对后者向内心领域的阴郁逃避的描述相反,阿伦特把阿基里斯刻画成了政治英雄的典范。

她告诉我们,阿基里斯的故事讲述的是,一个人宁愿去死也不愿遭受屈辱记忆的伤害。通过这一行为,他能够提炼出其存在的"本质",从而使得"有关那一行为的故事的结尾,也就是生命本身的结束"。(*HC* 194)然而,甚至像阿基里斯这样的人,也"依旧要依赖于叙事者、诗人或历史学家。如果没有这些人的话,他所做的每件事就都仍然是无用的"。(194)通过把这位战士提升为英雄的典范,通过在她自己的叙事中保存他的记忆,阿伦特试图恢复政治行动者"赢得不朽名望"这一行为的本质意义。

阿伦特无疑为我们提供了一个过去的"传奇"。然而,理查德·罗蒂则为我们提供了一个有关将来的"传奇"。他的"传奇"追求交替的叙述和再叙述,以表明人类作为语言的使用者,能够把语言当作有价值的工具,以建设一个更美好的未来。罗蒂的叙事性探索中的英雄,并不是一个其言行能够永垂不朽的人,而是一个志在重塑我们在世界中言谈行为之方式的人。

---

[1] 有些作者已经指出阿伦特对政治的描述中所具有的男性品质。例如,可参见汉娜·皮特金的批评:"On Relating Private and Public," *Political Theory* 9 (August 1981): 331–338。

Culture 悲剧与拒绝：西方政治思想中的差异政治

"在我看来"，罗蒂告诉我们，"一个理想的自由主义政体将是这样一种政体：它的文化英雄是哈罗德·布鲁姆（Harold Bloom）的'强健诗人'（strong poet），而不是战士、牧师、圣人，或追求真理的、'逻辑的'、'客观的'科学家"。[1] 这样的一个诗人是"一个勇敢的创作者，能够以之前从未有过的方式来使用语言的人"。（CIS 28）按照罗蒂的说法，"比起那些寻求连续性的历史学家、批评家或哲学家来，她对如下事实看得更加清楚：她的语言同她的身体和她所处的历史时代一样，都是偶然的。她能够理解'真理是一个动态的比喻大军'这一主张的力量。因为，仅仅通过她自己的力量，她就已经从一个视角、一个比喻中突围而出，进入另一个了"。（CIS 28）

罗蒂的文化叙事史可以追溯至哲学向比喻方向的变化。对于浪漫主义的事业，罗蒂更多地是怀着矛盾而非敌对的感情。他首先对那些浪漫主义诗人表示了支持，后者"要为艺术在文化中争取到传统上由宗教和哲学占据的地位，也就是启蒙运动为科学所争取的地位"。（CIS 3）罗蒂继续讲道，这些艺术家拒绝了科学理性主义的比喻性基础，试图粉碎启蒙运动的如下信念：心智是自然的镜子，知识就是在那个镜子中折射出的表象的准确性，真理就是知识和世界之间的对应，艺术就是对真理的模仿。在颠覆这种世界图景时，浪漫主义者依赖的是关于意识的比喻，而非关于沉思的比喻。对他们而言，艺术不是模仿而是表达；意识不是表象的一种透明媒介，而是人类自我实现的媒介；真理并不是被

---

[1] Richard Rorty, *Contingency, Irony and Solidarity* (Cambridge: Cambridge University Press, 1989), 53. Cited below as *CIS*.

第六章　阿伦特、罗蒂和杰斐逊先生的美国传奇

揭示的或发现的，而是要被诗人所创造出来的。

　　罗蒂显然"认为自己是诗人的辅助者，而不是物理学家的辅助者"，但他对浪漫主义者的同情并没有妨碍他对后者的批评。（*CIS* 8）尽管浪漫主义是我们叙事史中的一个重要阶段，但罗蒂认为它不过是启蒙运动的"反面"。为了表明这一点，罗蒂从其对语言之信念的角度重新描绘了这两者。他告诉我们，浪漫主义者并没有追随启蒙思想家对语言的描述——语言是透明的介质，通过这种介质，自我能够了解到外部世界中都存在着什么东西。他们将语言视为表达的媒介，通过该媒介，自我能够在与其融为一体的世界中完成破解和自我实现。然而，在罗蒂看来，"语言既非表达亦非表象的媒介"。（*CIS* 11）相反，他将自己的实用主义立场与维特根斯坦的"可以替换的词语就像人类所利用的可以替换的工具"这一比喻联系了起来。（*CIS* 11）

　　正如黑格尔相信他在自己的哲学中已经"克服"了浪漫主义的主体性，罗蒂宣称，在他的历史叙述中，实用主义的话语实践"克服"了浪漫主义的语言。罗蒂坚称，浪漫主义式"哲学或将取代作为宗教替代物的科学"这种观念，"是文学取代科学而成为主导知识学科的一个短暂（虽然也是重要的）阶段"[1]。不过，他继续说道，浪漫主义转而"随着它的如下主张而被扭转成为实用主义：新词语的重要性不在于它们解释的能力，而仅仅在于它们的效用"。（*CP* 153）当然，罗蒂这里所指的，并不是作为对精神之表达的黑格尔式辩证法，而是实用主义对哲学事业本身的再

---

[1] Richard Rorty, *Consequence of Pragmatism* (Minneanoplis： Minn.： University of Minnesota Press, 1982), 153. Cited below as *CP*.

描述的成功。

就像战后的作者们所已经讨论过的，罗蒂和阿伦特都对黑格尔的自由之综合统一所达至的最终结局持批判态度。在他的未来传奇中，罗蒂拒绝了在黑格尔的国家哲学中所发现的"目的性的"和"形而上的"自由概念。相反，他将自己的注意力几乎完全集中在个人自由的前景上。与此形成对照的是，阿伦特拒绝了黑格尔对通过市民社会的"自由"所保障的"私人"与"社会"领域的规定。在她的往日传奇中，她把精力集中在了"作为与他人一起直接参与政治生活的自由"这种理念上。

第二节　汉娜·阿伦特的往日传奇

在她的"浪漫主义"叙事脉络中，阿伦特对"解放"、"个人自由"和"民主自由"的含义进行了敏锐的区分，在她对"解放"进行评论的过程中，她直接批评了萨特的理论。她告诉我们，作为一种政治实践，萨特的作品实在太容易被用来为无限制的暴力辩护了。例如，她提醒我们说，在他为弗朗兹·法农《地球上受苦的人》所作的序言里，萨特自己相当清楚地表明，在民族解放运动中，对于实现"人们对自我的重新创造"这一目标来说，"无法压抑的暴力"有着根本性的意义。[1] 由于认识到了萨特和黑格尔之间的寄生性关联，阿伦特用嘲讽的口气指出，《法哲学原理》的作者起码还相信说，自我创造仅仅是思想上的事

---

[1] Hannah Arendt, "On Violence," in *Crisis of the Republic* (New York: Harcourt Brace Jovanovich, 1972), 114; cited below as OV.

第六章 阿伦特、罗蒂和杰斐逊先生的美国传奇

情。(OV 115)然而,当它在萨特的理论中被重复时,自我创造却变成了与暴力和"狂怒"有关的事情。(OV 115)

从她的视角来看,萨特论证过程中的缺陷是明显的。通过声称人们的内心世界之间不存在联系,萨特错误地得出了这样的结论:我们与其他人之间的对抗必然是一种"否定",这种否定依据的则是我们征服、奴役和折磨他者的欲望。但是,正如阿伦特所言,"'否认与某人的任何联系'与'否定'他者,是两种完全不同的事情;对于一个正常人来说,从理论上的"否定"到杀害、折磨和奴役之间,还有一段相当长的距离要去跨过"。(OV 186)萨特的理论消弭了这些差异,并使我们更加接近于暴力活动。事实上,通过鼓励否定的暴力性爆发,他的解放理论只会导致破坏。

阿伦特告诉我们,即使不按照萨特的存在主义理论来定义,"解放的概念也只可能是否定意义上的"。(*OR* 29)[1] 她声称,通过把解放与"获得自由的欲望"区分开来,"解放或许会是自由的条件",却不能促进自由本身。相反,阿伦特提醒我们,在现代革命中,与解放的观念最为经常地联系起来的,是个人权利的扩展。

在这里,阿伦特引入了个人自由与民主自由之间的区分。解放运动最多只能带来前者而非后者。个人自由的成果是"约束的阙如和行动力的获得"。(*OR* 29)即使这些个人权利能够获得"宪法上的保障",它们仍然"不是他们自己的权力,而只是对权力之滥用的抵御"。(*OR* 151)这样的自由可以在私人的孤立中得

---

[1] 与黑格尔相似,在她对1791年革命恐怖的看法里,阿伦特也表达了对解放的破坏性力量的恐惧。

到实现，并且可以在没有民主机构的情况下存在。事实上，按照阿伦特的观点，这种自由尽管不能在暴政或专制统治下获得，却可能在君主制或封建等级制度下获得。（*OR* 31）这样的个人自由（liberty）或许能够导向压迫的免除，但它不能取代政治自由（freedom）本身的体验。（*OR* 32）

相反，"自由的真正内涵"是"参与公共事务，或有权进入公共领域"。（*OR* 30）它要求"一种政治的生活方式"，而这意味着"一个共和国的形成"。（*OR* 30）在她对美国建国的分析中，她始终认同杰斐逊对直接参与的强调。例如，她把杰斐逊对以新英格兰城镇为榜样的区域治理制度的讨论总结为："无论杰斐逊知道与否，[基本的假设]是，如果一个人没有分享公共幸福，那他就不能被称作是幸福的；如果他没有体验到公共自由，他就不能被称作是自由的；如果他没有参与并分享公共权力，那他就不能被称作是幸福的或自由的"。（*OR* 255）

阿伦特对美国政治自由之丧失的浪漫主义感伤，源自共和主义的传统。她记录了这个深深植根于过去的自由之丧失，目的是为了获得一个批判性的视角，来审视我们的自由政体的未来。事实上，对于当前这股朝向被托克维尔最先描述的柔性专制主义的潮流来说，阿伦特的传奇形成了一个警告。像托克维尔一样，她警示我们要提防中央行政集权的侵犯。正如托克维尔所言，这种力量既会侵蚀美国民主的地方参与精神，又会增加个人的孤立和原子化——这些个人们越来越倾向于退回到自己的世界中去。[1]

---

[1] Alexis de Tocqueville, *Democracy in America*, trans. George Lawrence, ed. J. P. Mayer (New York: Doubleday Anchor, 1969), 692. Cited below as *DA*.

第六章　阿伦特、罗蒂和杰斐逊先生的美国传奇

在《人的境况》这本书中，阿伦特把她的批判矛头指向了"'社会'（the social）的兴起"，政治生活的消失，以及公共领域的原子化和私有化。对她来说，"'社会的'的兴起"反映了我们对经济、生产和生活必需品问题的突出关注。尽管这些问题在古代世界被认为属于私人领域，它们在现代社会却已经成为最引人注目的当务之急。在当前的境况下，以大规模的、非人格化的、官僚化的方式组织起来的"社会"领域，已经"侵犯"和"征服"了我们活动的每个领域。（OR 233）作为社会领域原子化和程式化的结果，我们日益变得开始"行为"（behave）而非"行动"（act）、一味地"顺从"而非"超越"。[1]

随着"社会"的兴起，我们的政治生活已经被掏空了其卓越和英勇的潜质。相反，"卓越本身，就像古希腊人所说的'完善'（aretà）、古罗马人所说的'超凡'（virtú）"，"一直是被赋予公共领域的，在那个领域中，人们可以变得优秀，能够将自我与所有其他人相区分"。阿伦特论证说，以这种方式，古代人能够达到"一种在私人领域永远无法达到的卓越"。（HC 48）然而，"我们作出［这类］言行的能力，较之以前已逊色了很多，因为它们已经被社会领域的兴起放逐到了亲密和私人的领域内"。（HC 49）在《极权主义的起源》中描述了"'社会'的兴起"的意义后，她再次指出，孤立、"大众化"和公民精神的丧失这些因素，都是极权主义"运动体制"（movement-regimes）出现的直接前提

---

[1] 在法国传统中，Pierre Royer-Collard 和托克维尔最早分析了如下悖论：随着社会原子化程度的增强，个人主义会倾向于加强社会一致性。

Culture 悲剧与拒绝：西方政治思想中的差异政治

条件。[1]

由于她强调政治传统在现代的丧失，阿伦特似乎采纳了卢梭有关"政治的"观点。但是阿伦特从没有认同过这种观点。事实上，她被卢梭的政治思想所深深地困扰。在大多数时候，她对卢梭的批评源于他在他的公民共同体中对"主权意志"所赋予的中心地位。[2] 她提醒我们说，卢梭的国家中的普遍法律来自每个人自己主观意志的纯洁性，而无须同其他人讨论或交流。考虑到阿伦特对主观意志的敌意，以及她在政治行为的"自由"行动中赋予观众和言辞的重要性，我们就无疑能够理解为何阿伦特反对卢梭主权意志理念中蕴含的专制意味了。用她的话来说，

> 一个其公民之间没有交流的国家，一个每个人只考虑他自己想法的国家，从定义上来说就是暴政。不与其他官能相联系的意志和意志力官能本身，本质上就是一种非政治甚至是反政治的能力，这一看法在驱动卢梭的荒谬想法中，以及在他接纳这种想法时那种令人好奇的欢悦之情中，得到了最好的体现。(*PF* 165)

阿伦特认为，政治不意味着一群个人聚集起来，以便按照他

---

[1] See Hannah Arendt, *On the Origins of Totalitarianism* (New York: World Press, 1958), 305–326.

[2] See Hannah Arendt, "What is Freedom?" in *Between Past and Future* (New York: Viking Press, 1968), Cited below as *PF*. 阿伦特对主权意志的批评不同于黑格尔对卢梭和康德所提出的批评。后两者都认为内在意志的抽象概念指引出了普遍的道德律令。例如，见黑格尔对绝对自由和虔敬的评论：*Phenomenology of Spirit*, trans. A. V. Miller (Oxford: Oxford University Press, 1981)。

第六章 阿伦特、罗蒂和杰斐逊先生的美国传奇

们主观意志的纯粹指示而生活。政治之所以重要，是因为它是在同一种制度的庇护下平等地工作和发言的人们的合作和公共言说。对她来说，合作和交流的观念本身已经假定了公民之间的不同和分歧的存在。尽管拥有平等的地位，他们仍然会持有不同的政治建议和观点。与卢梭的公民概念不同，阿伦特声称，通过表明公民们并非由其内在意志的指令所简单地决定，而是在公共世界的光照下自由地与其他人一起行动和交流，政治的集体主义维度便保障了人类的尊严。通过这样的行为和言辞，公民学会了塑造和定义他们的共同命运。她论证说，只有以这种方式，人类的自由领域才能被保护起来，以免受到卢梭理论所产生的"有害和危险的后果"之害。(*PF* 164)

毫无疑问，对于卢梭的主权意志理论所提供的"对暴政的掩饰"，阿伦特是持批判态度的。但是，她自己的理论也是以古代的方式来定义自由的。正因为如此，有些人论证说：具有讽刺意味的是，阿伦特使自己遭受了贡斯当曾对卢梭所进行的那些批判。回忆一下贡斯当的如下社会学主张：伦理思想和政治选择受到它们在其中得以实践的社会境况和制度的历史发展所限。基于这种主张，可以说，阿伦特阐释了一种在当前的境况下无法得到支持的自由观。

例如，人们经常提到，阿伦特独独忽视了美国政体中代议制度的重要性。[1] 据说，对她而言，那种代议制或许能带来一些好处，但它在原则上不能建立一个合法的政治自由体系。只有公民

---

[1] For example, see George Kateb, *Hannah Arendt: Politics, Conscience, Evil* (Oxford: Martin Robertson, 1983), 23–24.

的直接参与才能做到那一点。但是对她的许多自由主义批评者来说，这并不是为那种忽视进行辩护的恰当理由。相反，就像贡斯当一样，他们不仅把代议制视为建立和保护现代个人自由最合适的政府体系，而且还将其视为个人自由本身的必要组成部分。因此，据他们所说，通过批判个人自由，并在很大程度上否定代议制的价值，阿伦特的理论提出了一些根本不能在制度上得到实施的伦理要求。

不仅如此，和卢梭一样，阿伦特也已经被控以所谓"危险的时代错置（anachronism）"的罪名。这种批评同样可以基于贡斯当的社会学理论来理解。回忆一下：在贡斯当看来，一个历史时期的伦理标准在应用于现行的制度环境时，往往是危险的。通过借鉴该原则，斯蒂芬·霍尔姆斯论证道："通过将极权主义与'政治的丧失'如此紧密地联系起来，阿伦特忽略了贡斯当如下命题的合理性：现代暴政那种最为骇人听闻的形式，可能实际上包含了对古代自由的一种扭曲了的回应。"[1] 在霍尔姆斯看来，"如果她能用更适应结构日益复杂化的现代社会的理论来取代她那种简化的"'社会'的兴起"理论的话，她原本是可以纠正这个盲点的。（117）

但这些对阿伦特的批判并非无法回答的。首先应该注意的是，阿伦特的分析所具有的力量，既不基于她对返回希腊罗马的宁静生活之可能性的渴望，也不基于她对那种可能性的信仰。相反，她的理论所致力的，乃是治疗和教化的目标：她回忆、复兴

---

[1] Stephen Holmes, "Aristippus in and out of Athens," *American Political Science Review* 73 (March 1979): 117.

第六章 阿伦特、罗蒂和杰斐逊先生的美国传奇

和重振了有关过去的比喻和理想，为的是表明我们现在都失去了些什么。在回想关于过去的记忆时，她试图克服我们信念中的如下幻觉：通过保护个人自由和构建代议机制，我们就能够获得自治和民主自由。

为了证明这一观点，阿伦特对我们的代议制概念本身的融贯性提出了质疑。无论是被理解为一种信托的角色（代表了选民的信任），还是被理解为一种反映的角色（reflective role，代表了选民表达出来的关切和利益），代表或者说重新展现（re-presenting）一个公民的这种理念，都忽视了亚里士多德如下主张的要点：政治是一种内在地有价值的活动。对亚里士多德而言，在公众面前表现自己，是我们品格和美德发展过程中的一个重要部分。这种行为使我们成为一种不同的人。用阿伦特的话来说，如果我们考虑到，被重新展现的"自我"是通过公开的自我表现来塑造的，那么，"代议制"（representation）这一观念本身似乎就是自相矛盾的。其他人怎么能够代表/重新展现我们自己呢？对阿伦特而言，之所以提出这个问题，并不是要去表明代议制在现代政府治理中不能发挥有用的功能。毋宁说，她的观点是，代议制不能取代政治自由的观念。这种自由被定义为公民在决定他们集体命运时的直接参与（公开的自我展现）。

当然，无论我们如何羡慕亚里士多德式的公民，阿伦特对他的描述都似乎离当前的境况和实践相当遥远。但是，再说一遍，说她的观点不过是空洞的怀旧之情，乃是对其论证之要点的忽视。对阿伦特来说，通过以社会学的方式来对我们当前的实践加以限制，我们倾向落实并认可现状。相反，她的任务则是进行启

151

迪，而非承认现状。正是因为她的视野落在了遥远的地方，它才得以挑战了我们当前的实践。这种视野对现在的失败进行了反抗，表达了一种激进的解放冲动。通过敦促我们转变我们的制度和自我观念，她由此而扩展了我们的文化和政治想象。在这个方面，阿伦特的理论中或许存在对现状的威胁，但这并不能证明其理论因此就为现代的暴政提供了借口。除非我们假定说，对现状的任何威胁都必然意味着暴政，否则，就不能在缺少充分论证的情况下，简单地把理论上的时代错置与政治暴虐联系起来。

正如我们所见，这种论证在贡斯当的著作中一般会采取两种形式。首先，他批评了被归之于卢梭政治自由理论的公意概念。从拿破仑的行为和革命时期种种恐怖中的表现可知，这种概念对现代政治造成了明显的威胁。其次，他批评了卢梭对现代政体中个人自由重要性的忽视。按照贡斯当的看法，没有这种自由，当个人面对国家压倒性的权威和权力时，就会是脆弱无助的。

与贡斯当不同，阿伦特似乎既没有提倡被归之于卢梭自由观的那种普遍性，也没有完全否定个人自由的作用。就前者而言，我们已经见识了阿伦特对普遍性观念的批评——这种普遍性是从卢梭的公民集体主体性之中锻造出来的。就后者而言，阿伦特敏锐地区分了个人自由和政治自由，而这恰恰是因为我们倾向于将两者混为一谈。尽管她把后者置于前者之上，我们却不必把她视为在拒斥对个人自由的要求。毋宁说，她的观点是，如果个人自由没有与公共讨论、争论和参与相结合，它就将会对一个政治体构成威胁。事实上，在她看来，政治自由为对抗现代极权主义政权的兴起提供了最好的防卫。

第六章 阿伦特、罗蒂和杰斐逊先生的美国传奇

即使阿伦特可以摆脱危险的时代错置和忽视代议制的指控,她理论中的一个因素似乎仍然会吊诡地对她自己的观点形成挑战。通过彻底地将个人和社会领域与政治领域相分离,阿伦特似乎掏空了她自己理想的实质性内容。[1] 阿伦特没有划分好这些领域相互之间的界限,以便更好地界定它们的适当角色。相反,她切断了这些领域之间的所有联系。对她来说,对社会领域的关注已经垄断了政治话语。为了克服这种垄断,她将社会领域驱逐出了政治领域。然而,"划分"意味着这些领域之间必然存在着联系。她把社会领域视作涉及"纯粹的经济性问题"的领域,认为它不应该污染政治的纯洁性。由此,她倾向于把这个领域从对"政治"的关切中排除掉,哪怕亚里士多德认为该领域在公共生活中具有核心地位。她特别把关于(分配)正义的实质性讨论驱逐出了公共的和政治的争论。她对政治教化的描述虽然抓住了其纯洁性,却被掏空了内容。

第三节 理查德·罗蒂的未来传奇

与阿伦特的往日传奇形成对比的是,罗蒂的传奇是追随杜威脚步所构想的未来传奇。尽管他有时称自己为一个"悲剧性的自由派",罗蒂仍然一贯支持乌托邦事业。这类事业旨在通过描绘关于未来之伟大性的浪漫主义途径,来扩大人们的政治想象。"想象伟大的事情,就是为特定的共同体来想象一个伟大的未来,

---

[1] 从不同的角度出发,皮特金在"Private and Public"一文中做出了大体相同的论证。

Culture 悲剧与拒绝：西方政治思想中的差异政治

这个共同体是想象者所熟悉的、所认同的、可以作出合理预测的共同体。在现代世界中，这个特定的共同体通常就是想象者的国家。因此，就可预见的将来而言，政治传奇将由关于国家未来而非人类未来的诗篇所构成。"[1] 该观点似乎证实了对罗蒂种族中心论的常见的批评，但是需要注意的是，在他的评论中，他所指的是巴西的国家未来，而非美国的。[2]

然而，在他最近的这本《偶然、反讽与团结》中，罗蒂更像是在提供这样的一种美国传奇。这一传奇通过兑现对未来的自由主义式希望，消解或规避（而不是深入发掘）了过去的问题。他的未来诗篇采取了一种自由主义乌托邦的形态。具有讽刺意味的是，这种乌托邦强调了它自己的历史偶然性。事实上，罗蒂使用了反讽家（ironist）一词"来命名这样一种人：他或她能够直面自己最重要的信仰或愿望的偶然性。自由派反讽家则是这样的人，在他们那些缺乏根基的愿望之中，包括了他们自己的如下希望：苦难可以被消减，一些人对另一些人的羞辱可以停止"（CIS xv）。对罗蒂而言，无论是社群主义政治的浪漫梦想，还是形而上学家同样空洞的希望，都不能为人类团结提供一个基础或立足之处。[3] 相反，我们是通过对常常体现为微妙形式的人类残忍性变得更加的敏感，才扩展和经历了那种团结的。例如，像弗

---

[1] Richard Rorty, "Unger, Castoriadis, and the Romance of a National Future," *Northwestern University Law Review 82* (Winter 1988): 343.

[2] 这样的一种批评见 Mark C. Taylor, "Paralectics," in *Tears* (Albany: State of New York Press, 1990), 123-144.

[3] 见罗蒂在 "The Priority of Democracy" 中对社群主义的批判性评论。亦见他对查尔斯·泰勒的批评，*CP* 200-202，以及他在 "Contingency of Community" 中的讨论，*CIS* 23-44。

第六章 阿伦特、罗蒂和杰斐逊先生的美国传奇

拉基米尔·纳博科夫（VladimirNabokov）和乔治·奥威尔（GeorgeOrwell）这样的人所写的文学作品，经常提醒我们注意到"内在于对自主的追求中的残忍倾向"。（*CIS* 144）

罗蒂用自主一词来指尼采、萨特或福柯这类自我创造（self-creating）的反讽家所追求的那种东西。他宣称，与德里达一样，在试图摧毁黑格尔式喜剧所试图建立的语言交换之透明性的探寻中，这些思想家倾向于仅仅重复他们不停地否认的东西。然而，罗蒂相信，与德里达不同的是，实用主义提供了一种解决这种无尽重复的弊病的方式。

在罗蒂看来，我们应该丢弃如下观念：语言在一种与他者的无尽的破碎对话中言说着我们。事实上，如果有人同罗蒂一样采取了语言上的实用主义转向，那么，无法表达的他者（ineffable Other）的"沉默"之声，听起来就可能有点像是维特根斯坦那著名的"不能言说之物"（unsayable）。维特根斯坦告诉我们，当我们遇到无法言说之物时，我们倾向于发出一种口齿不清的咕哝声。在罗蒂看来，无法表达的他者也许会引起同样的反映。当然，与维特根斯坦一样，罗蒂的意思是，当我们面对正在表达自己的无法命名之物时，我们不应该感到负有特别的义务去找到粗俗或神圣的语言经历。相反，跟随罗蒂实用主义的引导，并提出如下这类问题，或许会更有用：我们到底是如何陷入这种困境的？我们如何能够发现自己在与那些无法言说的人进行面对面的语言交流？还有，既然发现自己陷入了这种语言游戏的困境，我们又如何能够以机智摆脱此种困境？

此外，如果一个人像罗蒂一样，没有对"展现"、"代表"和

155

"透明性"这类语言抱有太大信念，那么他就不需要因语言交流的被打断而特别感到威胁（这种交流据说会割裂语言本身的根基）。事实上，如果一个人像罗蒂那样接受语言的偶然性，则他就可以简单地抛弃"语言是基础性的"这一观点。在反对这种基础主义时，罗蒂又一次汲取了维特根斯坦对词汇的比喻：词汇只不过是人类使用的、可替换的工具。通过抛弃那种被后现代作家一再重复的、将我们困于死亡与复活的循环之中的语言图景，罗蒂敦促我们要去使用这些工具来建构一个更好的未来。

尽管罗蒂显然对萨特、福柯和尼采这样的思想家的"蓝图"持批判态度，但他并没有简单地否定他们的著作。事实上，他没有无视他们旨在实现激进的自我创造或自我完善的尝试，也没有将这些尝试政治化，而且还主张将他们关于自主的蓝图私人化。他告诉我们，"你应该使尼采——萨特——福柯式追求本真性和纯洁性的尝试私人化，从而可以防止你自己滑向这样一种政治态度：这种态度将使得你认为有些社会目标比避免残忍更为重要"。（*CIS* 65）

同阿伦特一样，罗蒂经常使用"私人的"和"公共的"这类语言来表达他的政治思想。然而，与阿伦特相反的是，罗蒂把与这些领域相联系的价值颠倒了过来。在公共和政治的方面，罗蒂支持现代自由主义社会的制度。这些制度试图在个人自由的保护和人类苦难的预防之间实现平衡。罗蒂以一种带有强烈反讽意味的口气告诉我们说，"我的直觉是，西方的社会和政治思想也许已经度过了它所需要的最后一次概念上的革命。在我看来，J. S. 穆勒的如下建议基本上可以算是盖棺定论了：政府应致力于在尊重私人生活和防止困难之间保持平衡"。(*CIS* 63)事实上,罗蒂声称,作为"人类最为珍贵的成就","最重要的事情,就是保护这些自由主义制度免遭暴徒和理论家之类的人的攻击"。[1]

尽管就他的自由主义理想来说,还有很多需要讲的,但罗蒂的"传奇"似乎证实了阿伦特对于政治话语的丧失和私人化之兴起的许多最为深层的怀疑。就其本身而言,阿伦特对政治复归的追寻似乎证实了罗蒂对这样一些人的怀疑:他们赞美一个已不再能对我们所关注的问题有所言说的世界。他把这个世界描述为一个"基本已经逝去"了的世界。为了澄清这些立场,就让我从自己的一些疑虑开始吧。

老实说,我并不能确定,罗蒂关于本质论和反本质论的论证究竟是毫无新意,还是大有深意。想想威廉·詹姆斯对实用主义真理的定义:"真理就是所有那些以信仰的方式并出于确定且可以指认的理由证明其自身为善的东西。"[2]尽管罗蒂把这个定义当成了一种将我们从形而上语言的监牢中解放出来的工具,但是,无论一种文本被人们以信仰的方式认为是好还是不好,这都与该文本是不是"形而上的"或"本质主义的"毫无关系。

不如说,正如詹姆斯的定义所表明的,一篇文章或一个论证是否"正确"的问题,乃是有关生活的实践斗争之事。对詹姆斯而言,实用主义发挥的是中介者或调解者的作用。它"软化"(unstiffen)了我们的理论,并允许我们把思想发散到生活

---

[1] Richard Rorty, "Thugs and Theorists," *Political Theory* 15 (November 1987): 567.
[2] William James, *Essays on Pragmatism*, ed. Alburey Castell (New York: Hafner, 1951), 155.

中具体的和实践性的事情上去。(156) 如果说，以形而上学的语言而写就的一个文本，其所提出的原则和观念能够在实践上被证明对我们来说是正当的，则那些原则就应该被认为是有效的、正确的。在这方面，一个理论的正确性压根就不取决于它是用本质主义或反本质主义的语言而写就的。

因此，对罗蒂来说，说一部作品是"形而上学的"或"本质主义的"，似乎就是一种空洞的侮辱。如果一个人认为，一个包裹在"形而上学"词语里的叙事是"真实的"（詹姆斯所说意义上的真实），那么，他就可通过重新叙述而将其形而上学语言的外皮剥掉。如果这个人不相信那种叙事是"真实的"，那么，他就可以将其称为"形而上学的"，并彻底丢弃它。

我们可以引用一个明显的例子来说明这一点。尽管约翰·斯图亚特·穆勒对罗蒂的传奇起了盖棺定论的作用，但后者的乌托邦政治仍然是从现代反形而上学思想的敌人伊曼努尔·康德那里获得的。正如约翰·罗尔斯通过取消作为自由主义"哲学基础"的"永恒观念"和"绝对有效"的概念，从而摆脱了康德形而上学思想的束缚一样，罗蒂将他自己的实用主义传奇等同于了"启蒙运动之自我实现性的胜利"。(*CIS* 57)

事实上，从罗蒂的叙事视角来看，对康德《正义的形而上学要素》的一种非形而上学、非基础主义、自我取消和偶然的解读方法，几乎就相当于对罗尔斯正义第一原则的实用主义重述。想一想康德的"普遍正义原则"："我应该以这样一种方式来行动，即我的自由可以与其他每个人的自由共存。"就我们依历史情况不同而所具有的信念来看，尽管在证明这一维护自由之主张的正

第六章　阿伦特、罗蒂和杰斐逊先生的美国传奇

当性时，罗尔斯和罗蒂是从我们那种从历史角度来看是偶然的信仰出发的，但是他们无疑都支持康德自由主义蓝图的实现。不仅如此，通过将康德的启蒙思想去科学化和去哲学化，罗蒂使他的自由主义与杰斐逊的自由主义相融合了，而杰斐逊也被罗蒂描述为带有某些不好的形而上学习性的自由主义一流思想家。（PD 257-258）不过，随着他们启蒙理性主义的形而上学残余的褪去，杰斐逊和康德最终都能同以赛亚·柏林和 J. S. 穆勒（更不用说本杰明·贡斯当了）这些优秀的自由主义者为伍。就此来看，如果说康德把过去两百年里的哲学系都引向了错误方向的话，罗蒂则似乎还没有过分远离康德自由主义乌托邦理想的美国改进版。

在他的美国传奇中，罗蒂使用了无疑属于我们的主流文化词语的比喻。例如，他告诉我们说，实用主义思想的美国传统允许我们"兑现"自己的理念。罗蒂没有为对话中的"一揽子"（wholesale）限制做辩护，而是诉诸他所说的"将一个人带到其现有观点的零碎理由。"（*CP* 165）正如克里斯托弗·诺里斯（Christopher Norris）所指出的，通过这种方式，通过"类似当代经济学家的用语"，罗蒂使用了如下的言辞：自由主义用这种言辞描绘了"一种知识上的自由市场前景，这种前景希望结束所有限制性的或授权性的检查和控制。"[1]

吊诡的是，尽管他使用了经济分析中流行的比喻，但罗蒂在构建他的自由主义乌托邦时，却很少或几乎没有关注过那种分

---

[1] Christopher Norris, *Contest of Faculties* (London: Methuen, 1985), 153.

析。事实上，在罗蒂看来，经济问题本身应该被视作"私人的"还是"公共的"事务，这一点并不清楚。就这点而言，在检验他对交易的比喻所源之于的那个领域时，罗蒂用来表达其自由主义传奇的那种区分本身，就趋向于成为没有什么用处的东西。与阿伦特那里有些相像的是，这里的问题在于，罗蒂所使用的区分无法解释，在一个复杂的文化中，各种各样的领域之间何以既是"联系在一起的"，又是"彼此分割开来的"。由于这一点，罗蒂为表达他的政治观点而对"私人的"和"公共的"的一揽子使用方式是不恰当的，正如他对交易的比喻之一揽子的分配和垄断是不恰当的一样。

当然，对罗蒂的交易比喻的扩散来说，其意义超出了它可能导致的在理解市场时所产生的问题。让我们回忆一下：作为一名强健诗人（strong poet），罗蒂遵循着尼采的"作为一支活跃的比喻之军"的"真理"定义，提供了一种对思想史和哲学的解释。（CIS 17）他论证说，思想史可以被理解为比喻式重述的非目的论进化过程。用他的话来说，"旧的比喻不断地变成了其字面上的含义，然后又成为新比喻的平台和陪衬。"（CIS 16）历史上的强健诗人是这样的人：他们发展了新的词汇，将其作为工具，以去成就那些"在得到这些工具前甚至无法设想的事情"。（CIS 17）

罗蒂对思想进化的比喻性看法，反映了亚历西斯·德·托克维尔最早与美国哲学相联系的一些特点："认为传统仅在提供信息方面有价值，并认为现存的事实不过是个有用的草稿，在其之上可以展现出事情如何能够被以不同的方式更好地完成——这就

第六章 阿伦特、罗蒂和杰斐逊先生的美国传奇

是美国哲学的主要特点"。(*DA* 429)既不同于阿伦特对美国政治自由之丧失的看法,也不同于阿兰·布鲁姆(AllanBloom)的《美国心灵的封闭》,罗蒂的著作批评了那种向往"一个已经基本逝去了的世界"的浪漫情怀。[1] 与前两者相反,正如我们所看到的,罗蒂将过去本身视为一系列老掉牙的比喻,这些比喻为发展"可以展示事情如何能够被以不同的方式更好地完成"的可替换词汇提供了平台。(*DA* 429)

通过集中关注这些旧的比喻,罗蒂经常对过去的"形而上学"信仰发动攻击。但是,他只要用字面意义去理解其比喻性的结构,就能成功地打发掉这些"形而上学"的观点。这一点可以用一个类比最好地表达出来。就像通常所说的,每个好的喜剧演员都需要一个刻板的搭档,原因是,喜剧如果要具有讽刺效果,就得表演出字面意思之外的东西。从与此相似的方面看,罗蒂似乎已经在哲学史中找到了许多刻板的人。为了使他著作中的反讽起作用,罗蒂必须去从字面上理解他们,就好像他们真的在提供一种对真实世界的描述似的。通过表明他们的描述实际上只是被从字面意义上看待的比喻而已,罗蒂悖谬般地批判了过去存在的比喻,就好像对它们要从字面意义上理解似的。

与此相反,阿伦特则试图去重新唤醒这些旧的比喻。作为一种治疗性的措施,她用过去来挑战我们现在的偏见。作为一种富有启迪性的运动,她开辟了我们历史想象的视野,"以便展示事

---

[1] See also Richard Rorty's review of Allan Bloom's *Closing of the American Mind* (New York: Simon and Shuster, 1987) in "That Old Time Philosophy," *New Republic* 198 (April 1988): 28 – 33.

Culture 悲剧与拒绝：西方政治思想中的差异政治

情如何能够被以不同的方式更好地完成"。（*DA* 429）通过把阿伦特所用的基础主义的语言仅仅当成老掉牙的比喻而打发掉，罗蒂对过去的浪漫主义者的批评似乎是被严重地误导了。我们又一次发现，正如詹姆斯所提醒过的，在实用主义思想里，形而上学或基础主义并不成其为问题。真正成其为问题的是：对于生活中的实践性奋斗，一个文本是否为我们提供了一种更好的处理方式。

遵循詹姆斯的观点，如果我们抛弃"一个叙事是不是形而上的，乃是一件很重要的事情"这种观念，那么，与罗蒂不同，我们就能为自己的文化史提供一种新的解读。这种解读比那种宣告了"好的"实用主义理念战胜了"坏的"形而上学理念的解读要更为复杂。为了说明这一点，让我们最后一次来思考一下两种自由（liberty and freedom）之间的冲突。为了捍卫个人自由，罗蒂遵循了伯林的观点，反对所有目的论的自由观，即一种由确定的道德目的来定义的自由概念。（*CIS* 45）在伯林看来，政治参与的自由本身往往就属于这一类型。事实上，在探询如此危险的形而上学观念时，伯林警告我们说："关闭他面前的所有大门而只留下一扇门，不管所开启的那种景象多么高尚，或者不管那些作此安排的人的动机多么仁慈，都是对这条真理的犯罪：他是一个人，一个有他自己生活的存在者"。[1] 同伯林一样，罗蒂一贯坚持声称，只有通过个人自由，人们才能得到保护，以免遭那种

---

[1] Isaiah Berlin, "Two Concepts of Liberty," in *Four Essays on Liberty* (New York: Oxford University Press, 1969), 126。中译本见伯林著《自由论》，胡传胜译，译林出版社，2003，第196页。——译者注

第六章 阿伦特、罗蒂和杰斐逊先生的美国传奇

"罪恶的"哲学行为（或他们在实用主义中的对应物）的伤害。

当然，伯林倾向于把这两种自由观刻画为互相排斥的，或者至少是高度不兼容的。事实上，后者被视为与"真正的"自由完全相反的东西，因为它意味着一种目的论的或客观的人类繁荣概念。但是在关于民主自由和个人自由之间的争论中，似乎没有理由说明这两种理念在语言上、概念上或历史上是相互排斥的。他们之间并非一种你死我活的关系。

例如，从语源学上看，无论是在希腊语还是拉丁语的词语家族（word families）中，这两种原则之间也许都存在根本性的联系。就像人们所普遍认为的，拉丁语中的 liber、希腊语中的 eleutheria、威尼提亚语中的 leudheros 和盎格鲁－撒克逊语中的 freo 这些词的含义，既包括"不受阻碍的运动"，也包括"合法的自我管理"。[1] 从历史上看，这两种自由概念经常是结合在一起的。例如，昆廷·斯金纳指出，即使是在马基雅维利"共和主义"模式的政治自由中，"'个体行动者在追求其所选择的目标时不受阻碍'这种消极自由观"也与作为道德或目的论之目标的"美德或公共服务的自由观结合了起来"。[2]

个人自由和民主自由的原则经常地被认为是相互支持的。[3]

---

[1] See Hanna Pitkin, "Are Freedom and Liberty Twins?" *Political Theory* 16 (November 1988): 529.

[2] Quentin Skinner, "The Idea of Negative Liberty," in *Philosophy in History*, ed. Richard Rorty, Jerome B. Schneewind and Quentin Skinner (Cambridge: Cambridge University Press, 1984), 197.

[3] See L. A. Seidentop, "Two Liberal Traditions," in *The Idea of Freedom*, ed. Alan Ryan (Oxford: Oxford University Press, 1979), 153–174. 亦见 Richard Flathman 在 *The Philosophy and Politics of Freedom* (Chicago: University of Chicago Press, 1987) 的第 303~322 页里集大成的论证。

例如，考虑一下托克维尔的如下主张：公共参与的美德不仅在对抗美国政治体系里的个人主义和原子化倾向时扮演着重要的角色，而且在教育公民防卫和保护个人权利和自由方面起到了积极的作用。通过这种方式，对个人自由的宪法保护和对地方事务的积极参与被认为是联合了起来，成为美国政体中两种相互支持的原则。

然而，说这两种原则之间具有词源上的、历史上的和概念上的联系，也意味着它们必须被理解为不同的东西。而且，正因为它们是不同的，在某些境况和环境下，他们就必然会发生冲突。事实上，我们对这些原则之间差异的尊敬，使这样的冲突变得不可避免。无论是在质量上还是数量上，说这两者是不同的，就意味着要把它们分离开来，以免其互相冲突。因此，冲突所发生的地方，往往是在交界之处的阴影下——这些交界处区分了不同的伦理原则和政治传统。

作为一种复杂和多元的政治文化的一部分，我们之间的差异常常帮助我们确定了自己的身份。我们经常以我们作为一个群体所面对的分歧和冲突来定义自己。在这个方面，将我们结合在一起的词源、历史和概念的联系中所固有的，是那些将我们分割开来的差异。作为这些差异的结果，冲突是必然会发生的。而在冲突发生的地带，当我们发现被 A. C. 布拉德利描述为"悲剧的本质事实"的东西时，也没有什么可惊讶的。[1]

然而，具有讽刺意味的是，通过如此激烈地为个人自由进行

---

[1] A. C. Bradley, *Oxford Lectures on Poetry* (Oxford: Oxford University Press, 1950), 70.

第六章　阿伦特、罗蒂和杰斐逊先生的美国传奇

片面的辩护，罗蒂把我们政治文化中最深刻的冲突之一，转变成了对如下理念的又一种浪漫主义表达：好的文本胜过了坏的文本，人类的尊严胜过了哲学的假设，自由胜过了奴役。以这种方式来看，对于我们的民主自由和公共参与观，伦理生活中的反讽、偶然与团结性或许需要一种比在罗蒂的自由主义传奇中所能找到的更大的尊重。

通过如此强烈地为民主自由和公共参与辩护，阿伦特似乎成了罗蒂的映象。在这个方面，他们各自展示了对方立场的相反形象。在过去和未来、英勇的战士和强健的诗人、公共的和私人的、激进的民主派和启蒙的自由派之间所呈列的对称性中，每一方都反映出了对方所缺少的东西。我们在罗蒂那里看到的，是缺乏富有活力的过去的未来，是没有公共空间的自由主义乌托邦。而我们在阿伦特那里看到的，则是"反对'社会'之兴起"的激进民主，是一个没有伦理实质的希腊传奇。作为胜利与可能性的故事，作为民主自由与个人自由的故事，它们因此而继续被困在了悬而未决的战斗之中。

在汉娜·阿伦特和理查德·罗蒂著作之间的战斗，构成了两种自由之间冲突最近的一次爆发。通过这种方式，就像近两个世纪前托马斯·杰斐逊的著作所捕捉到的一样，在当代的争论中，在我们对个人自由的渴望、对道德多元性的珍视和对政治自由的要求之间，无疑仍然存在鲜活的张力。随着这场冲突原封不动地继续进行，我们又回到了开始之处。就像勇敢的巴斯克人和威武的堂吉诃德之间的那段故事一样，我们又返回到了一场悬而未决的战斗之中。

151

作为一个最后的、"补充性"的说明，我想要连上一条在我们的讨论之初被提出来的线索。塞万提斯离开第八章时，曾承诺要去寻找故事的结局，结果六个多星期没露面。在第九章的开头，他叙述了他是如何发现丢失的手稿的。他随即就回过头去继续讲述故事了。勇敢的巴斯克人和威武的拉曼查骑士之间的战斗，以一种颇为符合你期望的方式结束了。

第三部分

结论

第七章

悲剧与拒绝：将延异重新变为差异

在这些日子里，一个与"反讽"一样时髦的词，就是"他者"。在当前的交流中，人们会听说各种各样的他者：萨特的他者是地狱的意象，神秘主义的他者表示我们无法把握和理解的东西，有每种辩证表述都会涉及的他者，以及作为我们的映象而对立于我们的人类学式的他者，还有其他据说是以各种方式对我们说话、与我们对峙或界定了我们的他者。

在这结论性的一章里，我想通过考察三类他者，来为在他者的语义场中做一些澄清迈出第一步。这三类他者分别是辩证的他者、不可言说的（as ineffable）他者和差异的（as different）他者。第一类他者在黑格尔的著作中有着最好的例证；第二种为那些书写关于延异的不可言说的沉默的人所熟知，比如德里达；第三类他者大概可以从亚里士多德那里找到其起源，但在当代大陆哲学的讨论中被相对忽视了。[1] 作为区分这三类他者的一种方式，我追溯了对索福克勒斯的《安提戈涅》的不同解读。当这部

---

[1] On the Aristotelian connection, see Martha Nussbaum, *Fragility of Goodness* (Cambridge: Cambridge University Press, 1986).

戏的核心冲突被视作"辩证"、"不可言说"和"差异"之间的斗争时，那些解读就可以分别得到援引。在评估这些意见的长处和局限后，我最后会建议将延异重新变为差异。换句话说，我认为我们需要学会公正地对待他者，将其看作差异的，而非辩证的或不可言说的。

第一节 喜剧的辩证法

虽然黑格尔对现代国家结构的说法可能代表了客观精神在世界上的最终实现，但这肯定不是精神旅程之故事的结局。事实上，黑格尔声称，在其客观的环节，精神只被片面地把握住了。它只有在特定的时空维度内的特定国家中才能被把握。因此，尽管它可能揭示了整体性国家的原则，但它没有从其普遍形式上揭示这一原则：

> 在更高的层次上，作为整体的国家的生命的确本身就形成了一个完美的总体……但这一原则本身仍然还是片面和必然抽象的。在这里，只有理性自由的意愿才是明确的；自由仅仅在这个城邦、仅仅（重复一次）在这个特定的城邦，因此（再次重复）仅仅在某个特定的存在领域才是存在的。因此，人们也感觉到，在这些地方，他们的权利和义务，他们那世俗和（再说一次）有限的存在模式，都是不充分的。他感觉到，不论在他们的客观角色中，还是在与主体的关系中，他们都需要一个更高的确认和

第七章　悲剧与拒绝：将延异重新变为差异

认可。[1]

他告诉我们说，这种更高的认可只能在绝对真理的领域内找到。正是在这个领域里，我们找到了黑格尔"神圣"喜剧的最高形式，在其中，根本性的和谐得以建立，且所有矛盾都得到了解决："最高的真理，即真理本身，是对最高级的对立和矛盾的解决。在它的有效性与权力中，无论是何种形式的对立和矛盾，如自由和必然性、灵魂与自然、知识及其客体、法律与冲动等对立和矛盾，事实上，就连对立和矛盾本身，都会被一扫而空"（*LA* I. 100）。

作为对绝对的感性解释，艺术是黑格尔朝向解决方案的这种更高境界之旅程的第一站。通过"以感性形象的模式在我们的思想之前建立真理"，黑格尔告诉我们说，艺术本身已经在索福克勒斯的《安提戈涅》中达到了它的最高表现。作为一个哲学家和教师，黑格尔不能把谦虚归为自己的主要优点之一。在他的《美学》中，他告诉我们说："在所有古典和现代世界的大师级手笔之中——我了解所有这些手笔，你们应该了解，也可以了解——在我看来，《安提戈涅》是最壮丽的和最令人满意的艺术作品。"（*LA* II. 1216）对黑格尔来说，《安提戈涅》以其最纯粹的辩证形式体现了悲剧式冲突的发展（*LA* II. 1217）。他宣称，在这部著作中："对家庭的虔诚被解释为妇女应遵循的首要规则。这个规则被展现为与公共法律相悖、与国家的法律相悖的规则。这是伦理

---

[1] G. W. F. Hegel, *Lectures on Fine Arts*, trans. T. M. Knox (Oxford: Oxford University Press, 1975), I. 99. Cited below as *LA*.

Culture 悲剧与拒绝：西方政治思想中的差异政治

中的最高对立，因此也是悲剧中的最高对立。在同一出戏中，通过男女天性之间的对立，那种对立得到了个体化的表达"（*PR* 166）。

尽管在当代，黑格尔对安提戈涅的辩证解读拥有很多的支持，许多人还是可以理直气壮地质疑黑格尔对性别差异的定性之下潜藏的本质主义。对他来说，男人和女人从本性上就在实现卓越性的能力上存在差异。在《法哲学原理》的一段著名附注中，黑格尔再清楚不过地表明了他的立场：

> 男人和女人之间的差别就像动物和植物之间的差别。男人像动物而女人像植物，因为她们的成长更为平和，且其所根据的原则是感觉的颇为模糊的统一性。当女人担任政府的掌舵人时，国家就会立刻处于危险之中，因为女人规制其行动的依据，不是普遍性的要求，而是任意的癖好和意见。（166A）

除了对这种本质主义的拒绝外，很多人也质疑黑格尔在克服索福克勒斯剧中描述的"最高对立"时采用的等级策略。[1] 正如男人位于女人的等级之上，政治国家的伦理需求要优先于和亲属关系联系在一起的价值。然而，我们有很好的理由批判这种等级观念。正如玛莎·努斯鲍姆（Martha Nussbaum）所提出的，辩证地克服这种对立的想法，本身可能就有问题：

---

[1] For example, see Simon Goldhill, *Reading Greek Tragedy* (Cambridge: Cambridge University Press, 1986), 88–90.

第七章 悲剧与拒绝:将延异重新变为差异

要公正地对待两种截然不同的价值的本性或本质,就需要公正地对待它们的差异;而公正地对待它们的差异——包括它们性质上的独特性和数值上的分离性——则需要认识到,它们至少在某些潜在的情形里会发生冲突。独特性要求来自论述和反面的论述。这反过来又意味着出现对峙的可能性——对于同时想要两者的人来说,则是冲突的可能性。[1]

按照努斯鲍姆的说法,看起来虽然道德要求和政治文化的原则可能会有所不同,但没有理由相信它们之间存在辩证关系。事实上,文化中的冲突之所以看上去是不可避免的,正是因为互相对立的价值是不同的,而不是辩证的。他们通常适用于不同的语义和道德活动领域,并不辩证地(as dialectical)渴望或屈服于"他者"。相反,他们之所以相互对立,是因为他们彼此冲突。不管黑格尔是怎么解读的,《安提戈涅》的情况似乎就是如此。

克里昂和安提戈涅不是辩证对立的象征。相反,他们是其文化共同体中不同话语和道德实践的象征。虽然他们提供了对其实践的不同描述,拥护了不同的原则和信念,但他们并不必然会表明一种扬弃的内在逻辑。换句话说,或许并不存在他们能借以获得统一性的相同伦理观念。克里昂和安提戈涅所表达的,不是道德实质的自我分裂和内部交战,而是一个民族伦理景观的脆弱轮廓和边界。

然而,通过将悲剧描绘成精神自我分裂的一个例子,黑格尔

---

[1] Nussbaum, *Fragility of Goodness*, 68.

重新描述了伦理生活的叙事景观。他重绘了伦理生活的轮廓，将其列为他扬弃逻辑的内在要求。他将悲惨冲突看作需要加以克服的、辩证地联系在一起的对立面，而不是将政治文化看作容易碰撞的差异的复杂联合。这是"差异"和"辩证他者"之间的根本区别。

第二节 不可言说的他者

最近以来，解构主义者都在关注差异和他者的问题所产生的政治影响。举个例子，想想马克·泰勒在他的著作《异己》(Alterity) 里是如何分析他所说的"要求发声"(encore) 的：

> 在很大程度上，社会和文化的历史，就是差异和他者之无尽的复杂问题的斗争史。在当今，差异和他者所带来的问题是前所未有的。这是一个各种"主义"之间的斗争占主导地位的时代——共产主义、法西斯主义、极权主义、资本主义、种族主义、男性至上主义等。对于这样一个时代，差异无疑是一个政治化的问题。差异能够被宽容吗？他人应该去被鼓励表达和培养其差异性吗？还是说，差异是无法被容忍的？具有差异的其他人应该被转化、融合、支配、排斥和压制吗？[1]

---

〔1〕 Mark C. Taylor, *Altarity* (Chicago: University Press, 1987), xxi.

第七章　悲剧与拒绝：将延异重新变为差异

毫无疑问，泰勒非常正确地指出了差异问题的"无可否认的政治"紧迫性。这里有一个与《安提戈涅》有关的贴切例子：妇女的声音往往被压制和淹没，而被迫进入泰勒可能会称为他者的区域之内，该领域是这样的一个区域：它默默地延展出了"正常"话语实践和众所共知的道德含义的范围。总的来说，这种系统化的排斥导致了一种占有和支配的政治。

但是，"作为差异的他者"和泰勒的"不可言说的他者"之间存在不同。为了区分这些立场，重要的是，在一开始要再次强调"不可言说"的他者和黑格尔的"辩证"他者之间的寄生关系。对泰勒来说，就像对其他许多后现代主义者来说，前者"既不是肯定的也不是否定的，既非是也非不是"。作为"不可言说和无法形容之物"，它是一个"不能通过双面否定的可疑肯定性而辩证地扬弃"的他者。[1] 在这方面，通过同时创造对话的空间和中立化交流符号的明晰性，他者讽刺了黑格尔的扬弃理念。[2] 换言之，黑格尔的体系似乎是建立在被它系统地排斥掉的"不可言说的他者"之上的。通过言说那不可言说之物，解构主义者由此与一场讽刺性的对话联系了起来，这场对话在每个节点上扰乱、打断和撕裂了它自身。

没有人能比德里达举出这种讽刺性对话的更好例子了。在讽刺和扰乱黑格尔的喜剧式视景时，德里达明确地集中关注了黑格尔对《安提戈涅》（Antigone）的解读中的性别政治。对德里达来

---

[1] Mark C. Taylor, "Paralectics," in *Tears* (Albany, NY: State of New York Press, 1990), 140.
[2] Ibid., 140.

说，女性气质既被黑格尔理性的支配性话语所压制，同时又激进地颠覆了他的男性（大男子主义的）话语的主导性（形而上学的）模式。[1] 在《丧钟》中，他同时赞同和解构了黑格尔的如下主张：女性气质是政治共同体的"内部敌人"。[2] 就像解构本身的武器一样，女人进行颠覆的武器是反讽。

为了表明解构和"女性气质"之间的密切联系，想一想德里达对黑格尔如下主张的反讽性反转：女人并不服从于进入市民社会和人类法律所需的自我分裂和内心分离。黑格尔告诉我们，由于她们的单独性、即时性和统一性，她们深切地认同于家庭和私法代表的愿望和感觉。以一种他者性的、解构性的口气，德里达写道："人类的法律，即理性共同体将自己武装起来去反对家庭私法的法律，总是在压制女性气质，在反对它，在束缚、压榨、限制、挤压"（187）。由于它产生于黑格尔化解（扬弃）家庭与市民社会之间矛盾的欲望，人类的法律就必须克服（压制、毁坏、吞没）家庭本身。但是，德里达警告说：在这种突如其来的"克服"中，"还是别让人们去见到人本主义、唯心论和形而上学的终结吧"（188）。

相反，在黑格的扬弃理念中，我们发现了男性力量的局限；

---

[1] 德里达在很大程度上追随了当代法国女权主义者的作品，用"女人"来表示任何颠覆了传统男性话语中的概念、假设和解构的激进力量。这种对"女性他者"的使用，不仅明显地体现在德里达对黑格尔的解读中，也体现在了他对尼采（在《马刺》中）和卢梭（在《论文字学》中）的分析中。see Jonathan Culler, *Theory and Criticism after Structuralism*, (Ithaca, N.Y.: Cornell University Press, 1982), 43 - 64, and *New French Feminisms*, ed. Elaine Marks and Isabelle de Courtivron (Amherst: University of Massachusetts Press, 1980).

[2] Jacques Derrida, *Glas*, trans. John P. Leavey, Jr., and Richard Rand (Lincoln: University of Nebraska Press, 1990), 188.

第七章 悲剧与拒绝：将延异重新变为差异

这一局限是由女性的全能的武器——反讽——所揭示的（187）。作为"共同体的永恒反讽"，妇女"通过将政府的普遍目的密谋变为家庭的财产和装饰品，来进行变革"（187）。因此，通过颠覆黑格尔的命题，妇女就"转而嘲弄成年人的真诚智慧，这些人最大的快乐和享受，就是去集中思考和关怀普遍性"（188）。为了对抗这种激进的颠覆性元素，黑格尔的共同体必须加倍努力去压制女性气质（188）。

但是，这种压制的动态所产生的，只是它作为自己的"关键时刻"所压制的女性气质的反讽（188）。通过这种方式，女人"无限制地骚扰、质问、嘲弄、嘲笑（男人的）本质和真理"（188）。换句话来说，压制永远会在无止境的戏剧中制造破坏。事实上，德里达宣称说，它们是互为镜像的两面：黑格尔的理性的诡计，不过就是妇女永恒反讽的另一面。用德里达的话来说，理性的狡猾和女性的反讽"各自都能为另一方服务，并且利用另一方"（188）。他总结说，正因为此，"如果说，在推理性的辩证法里，上帝是一个男人（这是极有可能的），那么，上帝的神性——那种分裂了他并使他脱节的反讽，他的本质的无止境的不安，就（如果有可能的话）是女性化的"。（188）

就像我们已经看到的，在"人的目的"中，德里达探索了创造一种抛弃逻各斯中心主义和人本主义支配地位的哲学理论的可能性，而那两点在黑格尔关于在场的形而上学中达到了顶点。[1]

---

[1] Jacques Derrida, "Les Fins de l'homme," in *Marges de la philosophie* (Paris: Editions de Minuit, 1972), 129 – 164.

在批评这种传统时,德里达运用了他的不可言说的延异概念。[1]

对德里达来说,延异是一个宝库,通过利用它,认同与差异之间关系的任何既成含义都可能重新安排。然而,这种安排却被他的解构的寄生性所阻碍,这种寄生性阻止了德里达从他一直在颠覆的语言和结构中逃脱。在这个意义上,他倾向于重复或反转,而不是改变索福克勒斯的《安提戈涅》中包含的差异。

第三节　一种不同的他者性

在同时反对黑格尔的辩证他者和德里达的不可言说的他者时,我已经跳到了一种不同的他者概念。作为进一步界定和评估这个概念的方式,我将简要追溯这第三种他者是怎样在另外两种——不可言说的和辩证的——他者之间跳跃的。我将特别集中关注的,是我们从这三种他者性对《安提戈涅》中的伦理冲突的解决方案中所学到的教训。

一方面,克里昂与安提戈涅之间的差异,可能最好应被理解为他们各自"生活方式"的差异。[2] 这些差异以不同的道德原则和伦理要求表达出来,这些原则和要求是与其文化共同体的家族、政治和宗教领域有关的。每一个角色都是具有权威性的,因

---

[1] See "Différance" in *Marges de la philosophie* (Paris: Editions de Minuit, 1972), 1-31.

[2] See Charles Segal's recapitulation of these different ways of life in "*Antigone*: Death and Love, Hades and Dionysus," in *Greek Tragedy: Modern Essays in Criticism*, ed. Erich Segal (New York: Harper and Row, 1983), 174f. On the concept of a "way of life" see Aaron Wildavsky, Michael Thompson, and Richard Ellis, *Cultural Theory* (Boulder, Colo.: Westview Press, 1990).

第七章　悲剧与拒绝：将延异重新变为差异

为每个角色都代表了雅典复杂的政治文化之中包含的、可以识别出的思想行为。克里昂所矢志于的，是对自己的政治社团忠诚的原则。他强调人类掌管和控制自然世界的能力。他信奉的是奥林匹亚诸神，但他的正义概念是人类中心主义的。另一方面，安提戈涅的忠诚是以亲属关系为向导的。对她来说，人类是自然之网的一部分，而不是它的主人。通过诉诸神圣正义的原则，她崇拜在永恒的时间内所映射出来的古老的闪灵神（chthonic gods）。

我们没有复制黑格尔克服安提戈涅和克里昂之间冲突的喜剧式追寻（这种克服是通过对他者的辩证扬弃而完成的），而是从对作为差异的他者的理解中学到了"在促进、评估、接受和拒绝一种特定的伦理观点（这一观点与某些其他的、相异的立场所提供的观点不同）的实践中，是没有立足的基础、问询的空间和介入的方法的"[1]。因此，我们自己的批判性视角并不来自一种单一的标准或被扬弃的观点，而是来自我们各自的差异。

强调如下这一点是很重要的：尊重差异并不同于容忍、同化或仅仅是整合不同的观点。这种尊重既不基于仁慈的接纳，也不基于我们持有不同伦理观念的权利（前提是这些观念并不会去干涉他人）。它也不是基于一个综合整体对我们的差异的吸纳之上的。相反，它要求与他者的积极接触，要求一种批判的对话，在这个对话中，对方意见的意义被承认与挑战，与此同时，我们自己的观点也同样被承认和检验。

如果要公平地对待我们的差异，我们就必须首先学会把我们

---

[1] 我在这里转换了一个阿拉斯代尔·麦金太尔在《谁之正义？何种理性？》中提出的类似说法。（Notre Dame, Ind.: University of Notre Dame Press, 1988, 350）.

的文化地形看作一个复杂的、多面相的不同词语、传统、活动和实践的配合与脱节。我们必须学会挑战任何用单一的价值、主导词语或特权性的哲学立场对我们文化的垄断。这种对差异的尊重不会去破坏、扰乱和消解黑格尔的辩证扬弃理念，而是会敦促我们去寻求对我们独特的话语及伦理实践的理解。

对于我们所学到的东西在《安提戈涅》中的应用，可以考虑一下克里昂和安提戈涅使用朋友（philos）或敌人（ekhthros）这些词语时所涉及的不同语义场。例如，在安提戈涅与伊斯美尼的对话中，她提到了她死去的兄弟，宣称说："对我这样的实干家来说，死亡是最好的。我将作为朋友同他躺在一起，是的，朋友与朋友。"[1] 现在再考虑一下克里昂开头的发言，"我的朋友们，那些用强大的浪涌震撼国家的神灵们已经再次准备震撼我们了。"在这段著名的段落里，他继续宣称"那个依赖另一个伟大的朋友，胜过依赖其祖国的人，我要把他弃之荒野。我不能把祖国的敌人当成我的朋友。"[2] 当然，谁算朋友，谁算敌人，乃是由意义之网所决定的。这种意义之网就是伦理与话语的实践，这些实践被每个角色分别地使用。作为彼此不同之物，这些不同的语义场既相互阐明又相互冲突。

但是，对于尼采的批评家狂欢节的成员来说，这种边界总是会被消解。通过强调伦理生活激进的不确定性，边界的显现似乎

---

[1] *Antigone*, in *Sophocles I*, trans. Elizabeth Wyckoff (Chicago: University of Chicago Press, 1954), lines 80 – 100.

[2] *Antigone*, lines 162 – 182. 关于本剧中 ekhthros 和 philos 用法的详细分析，见 Simon Goldhill, *Reading Greek Tragedy* (Cambridge: Cambridge University Press, 1986), 89 – 94。

第七章 悲剧与拒绝：将延异重新变为差异

只是为了被暴露为虚幻之物。这种暴露的病理治疗结果，是从统治集团重压之下的解放，以及从我们在其中一直压制着他者声音的历史中的解放。通过消解这些僵化的边界，通过让他者发出声音，新的局面据说就出现了。

但是，作为寄生之物，这些故事倾向于重复它们所寻求破坏或拒绝的对明晰度和纯洁性的主张。事实上，就像德里达自己所知道的那样，这种寄生性必然存在于一种它无法逃脱的身份和异己的辩证法之中。给他者以发言权，也仅仅是颠倒了两个极端，使得有污点的变成了纯洁的，纯洁的变成了有污点的。通过把性别关系构想为身份和异己的辩证法，常常只不过是反转了它们。通过这种方式，让女性的他者发出声音，就有着创造那种可能被称为男性异己之物的倾向。在女人同时被认为是"外在者"和"低劣者"的地方，男人现在背负上了这种异己的污名化表述。又一次，纯洁的变成了有污点的，而有污点的变成了纯洁的。问题在于，是否存在一种方法，可以去逃脱这种重复和拒绝、身份与异己的陷阱？

在我看来，对于黑格尔所说的伦理中的"至高对立"之间的那些差异，当我们试图公正地对待它们时，性别不应该成为一个话题。男性和女性都有在家庭和国家领域里追求卓越的能力。二者都可以各自选择不同的生活道路，就像克里昂和安提戈涅的角色所分别阐述和表达的一样。然而，对于将这种冲突加以性别式刻画的反对，既不意味着接受现存的权力安排（或意义），也不意味着否认正是支配导致了妇女被排斥在公共生活领域之外。这也并不是说，西方世界已经不再按等级制度来安排这些不同的活动与生活方式领域了。我们也不应该满足于在公共与私人之间的简单和不加批判的划分。相反，我们必须开始批判地分析不同公共空间——作为国家机器、经济实践或地方性参与和民主的活动领域的公共空间——之间的差异。同样，我们必须开始区分不同的私人空间——作为家政或家庭、政治上的被排斥者，或得到保护的个人行为领域的私人空间。最后，我们必须批判性地审查我们实践的各种领域之间的相互关系、紧张和冲突。

作为他者，女性必然会拒斥由支配性的话语所产生的窒息性效果。而正如我们必须拒斥否认女性言说和界定自身之机会的话语实践一样，我们也必须拒绝接受对人类的单面相描绘：女性是受害者或荡妇，男性则是暴君或戴绿帽的。只有以这种方式，我们才能展现出人类经验的复杂性，而不至于将其化约为一组简单化的极端形式。男人不比女人更能摆脱脆弱，女人也并不拥有凌驾于男人之上的秘密权力。表达自己的感情并不会丧失自己的身份和性征。把男人和女人锁在特定的性别角色里，就是在否认他们的完整人性。[1]

在本书的结尾，我不会去赞成辩证扬弃的喜剧式希望，或者是关于身份和异己的无尽头的戏剧。相反，我建议把延异变回为差异。换句话说，我们需要思考一下那些不会对辩证地相关的他者有所期望的差异，那些并不寄生在他者之上的差异，那些既冲突又联系的差异。在这里，我们发现了延异与差异的根本性不

---

[1] See Margaret Brabant and Michael Brint, "Identity and Difference in Christine de Pizan's *Cité des Dames*" in *The political theory of Christine de Pizan*, ed. Margaret Brabant (Boulder, Colo. : Westview Press, forthcoming).

第七章 悲剧与拒绝：将延异重新变为差异

同。通过把延异变回差异，我们保留了自己语言与文化实践的多元性和复杂性。就像"不可言说"的他者一样，这第三种他者性既抗拒又挑战了黑格尔扬弃理念中固有的压制和垄断。但是，不同于那种"无言的自我宣称本身"，一种对我们之间差异的批判性观点，并不使我们必须投入如下这种无尽的戏剧之中：让死人起而复生，只是为了再次杀死它（像在克里昂的例子中一样）或被它杀死（像在安提戈涅的例子中一样）。人们会惊讶地发现，在希腊悲剧中，已死之物是如此频繁地杀死了仍然存活之物。正如埃斯库罗斯说的那样，"恐怖气势汹汹地回来了，回到了未来"。[1] 也许，这也是索福克勒斯在描述他作品的核心冲突时，所试图教给我们的智慧？也许这是一门我们仍然要继续学习的课程。

---

[1] Aeschylus, *Agamemnon*, ed. T. E. Page (Cambridge, Mass.：Leob Classical Library, 1926), line 154.

参考文献

本参考文献收录了一组精选的基本来源资料，正文中所引用的作品，以及它们标准的英语翻译。

Aeschylus. *Agamemnon*, *Libation-Bearers*, *Eumenides*. Loeb Classical Library. 1926.

Alighieri, Dante. *La divina commedia*. Edited by Umberto Bosco and Giovanni Reggio. 3 vols. Firenze: Le Monnier, 1979.

——. *Dantis Alagherii Epistolae*. Edited by Paget Toynbee. Oxford: Clarendon Press, 1966.

Arendt, Hannah. *Human Condition*. Chicago: University of Chicago Press, 1958.

——. *On the Origins of Totalitarianism*. New York: World Press, 1958.

——. *Crisis of the Republic*. New York: Harcourt Brace Jovanovich, 1972.

——. *Between Past and Future*. New York: Viking Press, 1968.

——. *On Revolution*. New York: Viking, 1963.

Aristotle. *Politics*. Loeb Classical Library, 1932.

Bakhtin, Mikhail. *Rabelais and His World*. Translated by Helene

Iswolsky. Cambridge, Mass.: MIT Press, 1965.

Ball, Terence. *Transforming Political Discourse*. Oxford: Blackwell, 1988.

Barber, Benjamin. *The Death of Communal Liberty*. Princeton, N. J.: Princeton University Press, 1974.

——. *Strong Democracy*. Berkeley and Los Angeles: University of California Press, 1984.

Barber, Benjamin, and Forman, Janis. "Preface to Narcisse." *Political Theory 6* (November 1978): 537 – 554.

Berlin, Isaiah. *Concepts and Categories*. Introduction by Bernard Williams. London: Penguin, 1981.

——. *Four Essays on Liberty*. New York: Oxford University Press, 1969.

Bradley, A. C. *Oxford Lectures on Poetry*. Oxford: Oxford University Press, 1950.

Cervantes Saavedra, Miguel de. *Don Quixote de la Mancha*. Translated by J. M. Cohen. London: Penguin, 1950.

Charvet, John. "Individual Identity and Social Consciousness in Rousseau's Philosophy." In *Hobbes and Rousseau*, edited by Maurice Cranston and R. S. Peters, 462 – 484. New York: Anchor Books, 1972.

Cranston, Maurice. *Jean-Jacques Rousseau: The Early Years*. London: Allen Lane, 1983.

Constant, Benjamin. *De la liberté chez les Modernes*. Edited by

Marcel Gauchet. Paris: Pluriel, 1980.

——. *Political Writings.* Translated by Biancamaria Fontana. Cambridge: Cambridge University Press, 1988.

Culler, Jonathan. *Theory and Criticism After Structuralism.* Ithaca, N. Y. : Cornell University Press, 1982.

Derrida, Jacques. *Marges de la philosophie.* Paris: Editions de Minuit, 1972.

——. "La pharmacie de Platon." *Tel Quel* 32 (Winter 1968): 3 - 49 and 33 (Spring 1968): 18 - 60.

——. *De la grammatologie.* Paris: Editions de Minuit, 1967.

——. *La carte postale de Socrate à Freud et au-delà.* Paris: Aubier-Flammarion, 1980.

——. *Spurs/Éperons.* Translated by Barbara Harlow. Chicago: University of Chicago Press, 1979.

——. *Glas.* Translated by John P. Leavey, Jr. , and Richard Rand. Lincoln: University of Nebraska Press, 1990.

Elshtain, Jean Bethke. *Public Man, Private Woman.* Princeton, N. J. : Princeton University Press, 1981.

Euben, J. Peter. *The Tragedy of Political Theory.* Princeton, N. J. : Princeton University Press, 1990.

Flathman, Richard. *The Philosophy and Politics of Freedom.* Chicago: University of Chicago Press, 1987.

Foucault, Michel. *Language, Counter-Memory, Practice.* Translated by Donald Bouchard and Sherry Simon. Ithaca, N. Y. : Cornell

University Press, 1977.

Fowler, Alastaire. *Kinds of Literature.* Cambridge, Mass.: Harvard University Press, 1982.

Freccero, John. *Dante, the Poetics of Conversion.* Cambridge, Mass.: Harvard University Press, 1986.

——. "Autobiography and Narrative." In *Reconstructing Individualism*, edited by Thomas C. Heller, David E. Wellbery, and Morton Sosna, 16–30. Stanford: Stanford University Press, 1986.

Frye, Northrop. *Anatomy of Criticism: Four Essays.* Princeton, N. J.: Princeton University Press, 1957.

Gadamer, Hans-Georg. *Dialogue and Dialectic: Eight Hermeneutical Studies on Plato.* Translated by P. C. Smith. New Haven: Yale University Press, 1980.

Goldhill, Simon. *Reading Greek Tragedy.* Cambridge: Cambridge University Press, 1986.

Hartz, Louis. *The Liberal Tradition in America.* New York: Harcourt Brace, 1955.

Hegel, Georg Wilhelm Friedrich. *Sämtiliche Werke.* Edited by Georg Lasson and Johannes Hoffmeister. 30 vols. Leipzig: Felix Meiner, 1920–1960.

——. *Philosophy of Right.* Translated by T. M. Knox. Oxford: Oxford University Press, 1952.

——. *Phenomenology of Spirit.* Translated by A. V. Miller. Oxford: Oxford University Press, 1977.

——. *Lectures on Fine Arts.* Translated by T. M. Knox 3 vols. Oxford: Oxford University Press, 1975.

Holmes, Stephen. "Aristippus in and out of Athens," *American Political Science Review* 73 (March 1979): 113 – 129.

Homer. *The Iliad.* Translated by Richmond Lattimore. Chicago: University of Chicago Press, 1951.

——. *Odyssey.* Loeb Classical Library. 1926.

Howells, Christina. *Sartre: The Necessity of Freedom.* Cambridge: Cambridge University Press, 1988.

Hyppolite, Jean. *Genesis and Structure of Hegel's Phenomenology.* Translated by Samuel Cherniak and John Heckman. Evanston, Ill.: Northwestern University Press, 1974.

James, William. *Essays on Pragmatism.* Edited by Alburey Castell. New York: Hafner, 1951.

Jefferson, Thomas. *Jefferson's Writings.* Edited by Merrill D. Peterson. New York: Library of America, 1984.

Kateb, George. *Hannah Arendt: Politics, Conscience, Evil.* Oxford: Martin Robertson, 1983.

Kerr, Walter. *Tragedy and Comedy.* London: Bodley Head, 1967.

Kundera, Milan. *The Book of Laughter and Forgetting.* Translated by Michael Henry Heim. London: Penguin, 1978.

Mac Callum, Gearld C., Jr. "Negative and Positive Freedom." *Philosophical Review* 76 (July 1976): 312 – 335.

Mac Intyre, Alasdair. *Whose Justice? Which Rationality?* Notre Dame, Ind. : University of Notre Dame Press, 1988.

Mc Williams, Wilson Carey. *The Idea of Fraternity in America*. Berkeley and Los Angeles: University of California Press, 1973.

Madison, James, Hamilton, Alexander, and Jay, John. *The Federalist Papers*. Edited by Isaac Kramnick. London: Penguin, 1987.

De Man, Paul. *Allegories of Reading*. New Haven, Conn. : Yale University Press, 1979.

——. "The Rhetoric of Temporality. " In *Interpretation: Theory and Practice*, edited by Charles S. Singleton, 173 – 209. Baltimore: Johns Hopkins University Press, 1969.

——. " Pascal's Allegory of Persuasion. " In *Allegory and Representation*, edited by Stephen Greenblatt, 1 – 26. Baltimore: Johns Hopkins University Press, 1981.

Marks, Elaine, and Isabelle de Courtivron, eds. *New French Feminisms*. Amherest: University of Massachusetts Press, 1980.

Marx, Karl. *Historisch-kritische Gesamtausgabe*. Edited by David Rjazanov, et. al. 13 vols. Berlin: Marx-Engels Verlag, 1932.

——. *Early Writings*. Translated by Tom Bottomore. London: C. Watts, 1963.

——. *Selected Writings*. Translated by David McLellan. Oxford: Oxford University Press, 1977.

Nietzsche, Friedrich. *Nietzsche Werke*. Edited by Giorgio Colli and

Mazzino Montinari. 8 vols. Berlin: Walter de Gruyter Verlag, 1972.

——. *Beyond Good and Evil*. Translated by Walter Kaufmann. New York: Vintage, 1969.

——. *Genealogy of Morals*. Translated by Walter Kaufmann. New York: Vintage, 1958.

Norris, Christopher. *Contest of Faculties*. London: Methuen, 1985.

Nussbaum, Martha. *The Fragility of Goodness*. Cambridge: Cambridge University Press, 1986.

Pangle, Thomas. *The Spirit of Modern Republicanism*. Chicago: University of Chicago Press, 1988.

Pitkin, Hanna. "Are Freedom and Liberty Twins?" *Political Theory* 16 (November 1988): 523–553.

——. "On Relating Private and Public." *Political Theory* 9 (August 1981): 331–338.

Plato, *The Collected Dialogues of Plato*, Edited by Edith Hamilton and Huntington Cairns. Translated by Hamilton, Cairns et. al. Princeton, N. J.: Princeton University Press, 1961.

——. *Plato*. 12 vols. Loeb Classical Library. 1914–1926.

——. *The Republic*, Translated by Raymond Larson. Arlington Heights, Ill.: Harlan Davidson, 1979.

Pocock, J. G. A. *The Machiavellian Moment: Florentine Political Thought and the Atlantic Republican Tradition*. Princeton, N. J.: Princeton University Press, 1975.

Poulet, Georges. *Studies in Human Time.* Translated by Elliott Coleman. Baltimore: Johns Hopkins University Press, 1956.

Rorty, Richard. *Consequence of Pragmatism.* Minneanoplis: University of Minnesota Press, 1982.

——. *Contingency, Irony and Solidarity.* Cambridge: Cambridge University Press, 1989.

——. *Philosophy and the Mirror of Nature.* Princeton, N. J.: Princeton University Press, 1979.

——. "That Old Time Philosophy," *New Republic* 198 (April 1988): 28 - 33.

——. "The Priority of Democracy to Philosophy." In *The Virginia Statute for Religious Freedom: Its Evolution and Consequences,* edited by Merrill D. Peterson and Robert C. Vaughan, 257 - 282. Cambridge: Cambridge University Press, 1988.

——. "Thugs and Theorists," *Political Theory* 15 (November 1987): 564 - 573.

——. "Unger, Castoriadis, and the Romance of a National Future." *Northwestern University Law Review* 82 (Winter 1988): 343 - 362.

Rousseau, Jean-Jacques. "De l'imitation théâtrale." In *Oeuvres,* vol. 2, 2 - 20. Paris: Armand-Aubrée, 1832.

—— *The First and Second Discourses.* Translated by Judith Masters and Roger Masters. New York: St. Martin's Press, 1968.

——. *Julie: ou La Nouvelle Héloïse.* Paris: Garnier, 1967.

Rousseau, Jean-Jacques. *Oeuvres complètes*. Edited by Bernard Gagnebin and Marcel Raymond. 4 vols. Paris: Gallimard, 1964.

——. *Politics and the Arts*. Translated by Allan Bloom. Ithaca, N. Y.: Cornell University Press, 1960.

——. *The Social Contract*. Translated by Maurice Cranston. London: Penguin, 1968.

Sartre, Jean-Paul. *Being and Nothingness*. Translated by Hazel E. Barnes. New York: Washington Square Press, 1966.

——. *Between Existentialism and Marxism*. Translated by John Mathews. New York: Pantheon, 1974.

——. *Qu'est-ce que la littérature?* Paris: Gallimard, 1949.

——. *L'Etre et le néant*. Paris: Gallimard, 1943.

——. *Existentialism and Human Emotions*. Translated and edited by Bernard Frechtman. New York: Philosophical Library Press, 1957.

——. *L'Existentialism est un humanisme*. Paris: Nagel, 1946.

——. *L'Idiot de la famille*. 4 vols. Paris: Gallimard, 1971 – 1974.

——. *Les Mains sales*. Paris: Gallimard, 1948.

——. *La Nausée*. In *Oeuvres romanesques*, edited by Michel Contat and Michel Rybalka. Paris: Gallimard, 1981.

——. *Saint Genet, comédien et martyr*. Paris: Gallimard, 1952.

——. *Situations 3*. Paris: Gallimard, 1949.

——. *Un Théâtre de situations*. Edited by Michel Contat and Michel Rybalka. Paris: Gallimard, 1973.

Saxonhouse, Arlene. "Comedy in *Callipolis*: Animal Imagery in the *Republic*." *American Political Science Review* 72 (September 1978): 888–901.

Sayers, Dorothy. *Introductory Papers on Dante*. Oxford: Oxford University Press, 1956.

Schwartz, Joel. *The Sexual Politics of Jean-Jacques Rousseau*. Chicago: University of Chicago Press, 1984.

Segal, Charles. *Tragedy and Civilization*. Cambridge, Mass.: Harvard University Press, 1981.

Seidentop, L. A. "Two Liberal Traditions." In *The Idea of Freedom*, edited by Alan Ryan, 155–174. Oxford: Oxford University Press, 1979.

Shapiro, Gary. *Nietzschean Narratives*. Bloomington: Indiana University Press, 1989.

Shklar, Judith. *Men and Citizens*. Cambridge: Cambridge University Press, 1969.

Skinner, Quentin. "The Idea of Negative Liberty." In *Philosophy in History*, edited by Quentin Skinner, Richard Rorty, and Jerome B. Schneewind, 193–224. Cambridge: Cambridge University Press, 1984.

Solomon, Robert. *In the Spirit of Hegel*. Oxford: Oxford University Press, 1983.

Sophocles, *Antigone*. In *Sophocles I*, translated by Elizabeth Wyckoff. Chicago: University of Chicago Press, 1954.

Staël, Germaine de. *De l'allemagne*. Edited by Jean de Pange, 5 vols. Paris: Librairie Hachette, 1959.

Starobinski, Jean. *L'Oeil vivant*. Paris: Gallimard, 1961.

Taylor, Charles. "What's Wrong with Negative Liberty?" In *The Idea of Freedom*, edited by Alan Ryan, 175 – 194. Oxford: Oxford University Press, 1979.

Taylor, Mark C. *Altarity*. Chicago: University of Chicago Press, 1987.

——. *Tears*. Albany: State University of New York Press, 1990.

Tocqueville, Alexis de. *Democracy in America*. Edited by J. P. Mayer. Translated by George Lawrence. New York: Doubleday, 1969.

Tocqueville, Alexis de. *Oeuvres complètes*. Edited by J. P. Mayer. 12 vols. Paris: Librairie de Medicis, 1951 – 1964.

Vernant, Jean-Pierre, and Vidal-Naquet, Pierre. *Mythe et tragédie en grèce ancienne*. Paris: Maspero: 1972.

Voegelin, Eric. *Plato*. Baton Rouge: Louisiana State University Press, 1960.

Warnock, Mary. *Existentialism*. Oxford: Oxford University Press, 1970.

Weber, Max. *Wirtschaft und Gesellschaft: Grundriss der Verstehenden Soziologie*. Edited by Johannes Winckelmann. 2 vols. Tübingen: J. C. B. Mohr, 1956.

——. *Max Weber: Soziologie, Weltgeschichtliche Analysen,*

Politik. Edited by Johannes Winckelmann. Stuttgart: Alfred Kröner, 1964.

——. *From Max Weber*. Translated by H. H. Gerth and C. Wright Mills. Oxford: Oxford University Press, 1956.

White, Hayden. *Metahistory*. Baltimore: Johns Hopkins University Press, 1973.

Wood, Gordon S. *The Creation of the American Republic 1776 - 1787*. Chapel Hill: University of North Carolina Press, 1969.

Zeitlin, Froma. "Playing the 'Other.'" *Representations* 11 (Summer 1985): 63 - 94.

索 引

英文词组对应页码为英文页码,即本书边码。

A

Achilleus, 阿基里斯, 15-17, 29, 133

Aeschylus, 埃斯库罗斯, 28, 168

Alighieri, Dante, 但丁, 18, 87-88, 107 (n2)

Amour de soi, 自爱, 48, 51-52, 93

Amour propre, 自尊, 51-52, 55-56, 59-60, 82-83, 93-94, 120

Alterity, 异己, 166-167

Antigone (Sophocles), 安提戈涅, 11, 30, 158-168

Antitragedy, 反悲剧, 3-7, 16, 27, 30, 36-37

Arendt, Hannah, 汉娜·阿伦特, 131-133, 138-142, 145, 147, 148, 149, 151

——on freedom (political), 政治自由, 135, 137

——on liberty (individual), 个人自由, 136

Aristotle, 亚里士多德, 4, 33, 46, 54, 141, 142, 157

Augustine, St., 奥古斯丁, 48

B

Bakhtin, Mikhail, 米哈伊尔·巴赫金, 56

Ball, Terence, 特伦斯·鲍尔, 152 (n2)

Barber, Benjamin, 本杰明·巴伯, 61 (n4), 85 (n9), 152 (n2)

Berlin, Isaiah, 以赛亚·伯林, 62 (n18), 68, 103-106, 147, 149

Bloom, Allan, 阿兰·布鲁姆, 62 (n7), 148, 154 (n28)

Bloom, Harold, 哈罗德·布鲁姆, 134

Bradley, A. C., A. C. 布莱德利, 1, 69, 84

196

C

C. Cabell, Joseph C., 约瑟夫·卡贝尔, 152（n4）

Cervantes, Miguel Saavedra de, 米格尔·德·塞万提斯·萨维德拉, 6, 67-68, 152

Charvet, John, 约翰·沙维特, 62（n13）

Comedy, 喜剧, 5, 7, 16, 19, 37, 68, 87, 91, 100, 109-111, 144, 148, 158-160

——See also under Hegel, G. W. F., 也见黑格尔

Constant, Benjamin, 本杰明·贡斯当, 69-84, 139-140, 142

Courtivron, Isabelle de, 伊莎贝尔·德·康迪维农, 168（n8）

Cranston, Maurice, 莫里斯·克兰斯顿, 61（n2）

Culler, Jonathan, 乔纳森·卡勒, 168（n8）

D

Deconstruction, 解构, 3, 125-126, 161, 162, 163

——See also Derrida, Jacques, 也见雅克·德里达

De Man, Paul, 保罗·德·曼, 38（nn 5, 10）, 59, 62（n10）

Derrida, Jacques, 雅克·德里达, 7, 9, 11, 50, 111, 121-126, 144, 157, 162, 163, 165

Desan, Wilfrid, 威尔福瑞德·迪僧, 127（n12）

Dewey, John, 约翰·杜威, 9, 143

Dostoevsky, Fyodor, 费奥多·陀思妥耶夫斯基, 120

E

Elshtain, Jean Bethke, 简·爱尔希坦, 127（n10）

F

Faust (Goethe), 浮士德, 53, 120

Fichte, Johann Gottlieb, 费希特, 42, 123

Flathman, Richard, 理查德·福拉特曼, 154（n32）

Flaubert, Gustave, 居斯塔夫·福楼拜, 128（n21）

Forman, Janis, 詹尼斯·弗尔曼, 61（n4）

Foucault, Michel, 米歇尔·福柯, 23, 109-111, 127（nn2-3, 5-7）, 144, 145

Fowler, Alastaire, 福勒, 11（n2）

Freccero, John, 弗里切罗, 38（n9）, 62（n10）

197

Freedom（political），政治自由，6，68－71，78，92，98，100，135－137，142，148－151，158

——See also Republicanism; under Hegel, G. W. F.; Rorty, Richard; Rousseau, Jean-Jacques，也见共和主义；黑格尔；理查德·罗蒂；卢梭

Frye, Northrop，诺思洛普·弗莱，107（n3）

G

Gadamer, Hans-Georg，汉斯－格奥尔格·伽达默尔，62（n8）

Gender differentiation，性别差异，4－5，31，33，60，159，165－167

Gide, Andre，安德烈·纪德，115

Goldhill, Simon，戈尔德希尔，167（n3）

H

Hartz, Louis，路易斯·哈茨，152（n2）

Hegel, Georg Wilhelm Friedrich，黑格尔，7，8，11，50，61，62（n14），69，84，（ch.4），124－126，135，136，144，153（n5），157－164

——and comedy，喜剧，87，91，100，109，114－121

——on freedom（political），政治自由，92，98，100

——on liberty（individual），个人自由，91－94，98

Hektor，赫克多拉，18，29－30，34

Holmes, Stephen，斯蒂芬·霍姆斯，85（n8）

Homer，荷马，18，21－24，29－30，34

Howells, Christina，克里斯蒂娜·豪威尔斯，128（n13）

Humboldt, Wilhelm von，威廉·冯·洪堡，76

Husserl, Edmund，胡塞尔，121，124

Hyppolite, Jean，让·伊波利特，108（n13）

I

Irony，反讽，3－4，7，20，35－37，114，145，147，151，157，162－163

——See also Deconstruction; Satire，也见解构，讽刺

J

James, William，威廉·詹姆斯，145－146，149

Jefferson, Thomas，杰斐逊，131，137，144，151

K

Kant, Immanuel，伊曼努尔·康德，

113, 115, 123, 146-147

Kateb, George, 乔治·凯特伯, 154 (n19)

Kercheval, Samuel, 152 (n4)

Kerr, Walter, 62 (n9)

Kierkegaard, Søren, 索伦·克尔凯郭尔, 115-116

Kundera, Milan, 米兰·昆德拉, 106

L

Liberalism, 自由主义, 70, 85 (n8), 99-100, 113, 134, 137, 143, 145-147, 151

Liberty (individual), 个人自由, (ch. 3), 91-94, 98, 100, 105, 135-137, 140, 141, 142, 145, 149, 150, 151

——See also under Arendt, Hannah; Hegel, G. W. F.; Rorty, Richard, 也见汉娜·阿伦特，黑格尔，罗蒂

M

MacCallum, Gerald C., Jr., 杰拉尔德·C.小麦克勒姆, 84 (n2)

MacIntyre, Alasdair, 麦金太尔, 168 (n13)

McWilliams, Wilson Carey, 麦克威廉姆斯, 152 (n2)

Machiavelli, Niccolò, 马基雅维利, 150

Marivaux, Pierre de Chamblain de, 马里沃,《小主子的调教》, 41

Marks, Elaine, 伊莱恩·马克斯, 168 (n8)

Marx, Karl, 卡尔·马克思, 86 (n13), 105-106

Metaphor, 比喻, 2, 10, 26, 28, 34, 45, 54, 59-60, 112-113, 123, 132, 134-135, 140, 147-149

Mill, John Stuart, 穆勒, 145, 146, 147

N

Nabokov, Vladimir, 弗拉基米尔·纳博科夫, 144

Narcisse (Rousseau),《纳喀索斯》, 5, 41-44, 58

Nietzsche, Friedrich, 弗里德里希·尼采, 62 (n11), 109-111, 121, 124, 126, 144, 145, 148, 165, 168 (n8)

Norris, Christopher, 克里斯托弗·诺里斯, 147

Nussbaum, Martha, 玛莎·努斯鲍姆, 159-160

O

Orwell, George, 乔治·奥威尔, 144

Other, 他者, 46, 58, 93, 96, 110,

116 – 118, 123, 136, 157

as dialectical, 辩证地, 88 – 91, 160

as different, 差异的, 163 – 168

as ineffable, 不可言说的, 8 – 11, 125 – 126, 144, 161 – 163

Ovid, 奥维德, 42

P

Pangle, Thomas, 托马斯·潘戈尔, 152 (n2)

Pitkin, Hanna, 汉娜·费尼切尔·皮特金, 153 (n10), 154 (nn21, 30)

Plato, 柏拉图, 3, (ch. 1), 44 – 46, 59

Pluralism, 多元主义, 131, 147, 150, 151, 167

Pocock, J. G. A., 波考克, 152 (n2)

Political culture, 政治文化, 1, 150, 151, 160

Political participation, 政治参与

——See Freedom (political), 见政治自由

Postmodern, 后现代, 109, 145, 161

——See Also Deconstruction; Derrida, Jacques; Foucault, Michel; Nietzsche, Friedrich; Sartre, Jean-Paul, 也见解构, 雅克·德里达, 米歇尔·福柯, 尼采, 让－保罗·萨特

Poulet, George, 乔治·普莱, 53

R

Rawls, John, 约翰·罗尔斯, 146

Republic (Plato), 《理想国》, 3, 16, 20 – 26, 32, 37, 44 – 45,

Republicanism, 共和主义, 131, 137, 152 (n2)

Romance, 传奇, 9 – 10

——See also under Rorty, Richard, 也见罗蒂

Rorty, Richard, 理查德·罗蒂, 7, 9 – 10, 131

——on freedom (political), 151

——on liberty (individual), 145 – 147, 149

——and romance, 传奇, 132 – 135, 143 – 144

Rousseau, Jean-Jacques, 让－雅克·卢梭, 5 – 7, (ch. 2), 69 – 84, 91 – 96, 98, 100, 103, 119, 168 (n8)

——on freedom (political), 138 – 139, 140, 142

Royer-Collard, Pierre, 皮埃尔－保罗·罗耶－科拉尔, 153 (n16)

S

Sartre, Jean-Paul, 让·保罗·萨特, 7 – 8, 111, 136, 144

——and satire, 112 – 121

索 引

Satire, 讽刺, 3, 9, 68, 109, 126

——See also under Sartre, Jean-Paul, 也见让-保罗·萨特

Saxonhouse, Arlene, 阿琳娜·萨克森豪斯 39（n12）

Sayers, Dorothy, 多萝西·L 塞耶斯, 107（n1）

Schwartz, Joel, 61（n3）

Segal, Charles, 塞加尔, 168（n12）

Seidentop, L. A., 85（n8）, 154（n32）

Shapiro, Gary, 加里·夏皮罗, 127（n8）

Shklar, Judith, 朱迪丝·N 施克莱, 85（n9）

Skinner, Quentin, 昆廷·斯金纳, 150

Social Contract, The (Rousseau), 《社会契约论》, 54, 71–72, 76, 78, 80, 83, 85（n10）

Socrates, 苏格拉底, 3, 5–7（ch.1）, 44–45, 59–60

Solomon, Robert, 罗伯特·所罗门, 91

Sophocles, 索福克勒斯, 10, 30, 157, 158, 159, 163, 167

Staël, Germaine de, 斯塔尔夫人, 3, 71, 76

Starobinski, Jean, 让·斯塔罗宾斯基, 62（n9）

Storytelling, political theory as, 1, 133

Swift, Jonathan, 乔纳森·斯威夫特, 70

T

Taylor, Charles, 查尔斯·泰勒, 84（n2）, 154（n24）

Taylor, Mark C., 马克·泰勒, 154（n3）, 161

Thuycidides, 修昔底德, 36

Tocqueville, Alexis de, 托克维尔, 137, 148, 150

Tolstoy, Leo, 托尔斯泰, 133

Tragedy, 悲剧, 1, 2, 3, 5, 7, 69, 84, 89–91, 115, 151, 159–160

V

Vernant, Jean-Pierre, 让-皮埃尔·韦尔南, 11（n6）

Vidal-Naquet, Pierre, 皮埃尔·维达尔-纳杰, 11（n6）

Voegelin, Eric, 埃里克·沃格林, 38（n6）

Voltaire, Jean François Marie Arouet de, 伏尔泰, 41

W

Warnock, Mary, 沃诺克, 128（n23）

201

Weber, Max, 马克斯·韦伯, 80, 153
（n7）

White, Hayden, 怀特, 127（n1）

Wittgenstein, Ludwig, 维特根斯坦, 135, 144

Wood, Gordon S., 戈登·伍德, 152（n7）

Z

Zeitlin, Froma, 泽特林, 39（n11）

图书在版编目（CIP）数据

悲剧与拒绝：西方政治思想中的差异政治/（美）布林特
（Brint, M.）著；庞金友译.—北京：社会科学文献出版社，
2015.10
（政治文化研究译丛）
ISBN 978-7-5097-7813-5

Ⅰ.①悲… Ⅱ.①布… ②庞… Ⅲ.①政治哲学-研究-
西方国家 Ⅳ.①D095

中国版本图书馆 CIP 数据核字（2015）第 159103 号

·政治文化研究译丛·

悲剧与拒绝：西方政治思想中的差异政治

著　者 /	〔美〕迈克尔·布林特
译　者 /	庞金友
校　者 /	曹　钦
出 版 人 /	谢寿光
项目统筹 /	邓泳红　姚冬梅
责任编辑 /	桂　芳
出　版 /	社会科学文献出版社·皮书出版分社（010）59367127
	地址：北京市北三环中路甲29号院华龙大厦　邮编：100029
	网址：www.ssap.com.cn
发　行 /	市场营销中心（010）59367081　59367090
	读者服务中心（010）59367028
印　装 /	北京季蜂印刷有限公司
规　格 /	开　本：787mm×1092mm　1/16
	印　张：14.75　字　数：158千字
版　次 /	2015年10月第1版　2015年10月第1次印刷
书　号 /	ISBN 978-7-5097-7813-5
著作权合同 登 记 号 /	图字01-2012-9348号
定　价 /	59.00元

本书如有破损、缺页、装订错误，请与本社读者服务中心联系更换

▲ 版权所有 翻印必究